孫子兵法

손자병법 따라쓰기

손으로 쓰면서 마음에 새기는 인생 교과서

孫子兵法

손자병법 따라쓰기

손무 지음

시사패스
SISAPASS.COM

손으로 쓰면서 마음에 새기는 인생 교과서
孫子兵法 손자병법 따라쓰기

초판 발행   2018년 1월 25일

지은이   손무
발행인   권윤삼
발행처   도서출판 산수야

등록번호   제1-1515호
주소   서울시 마포구 월드컵로 165-4
우편번호   03962
전화   02-332-9655
팩스   02-335-0674

ISBN 978-89-8097-422-1   13390

값은 뒤표지에 있습니다. 잘못된 책은 바꾸어 드립니다.

이 책의 모든 법적 권리는 도서출판 산수야에 있습니다.
저작권법에 의해 보호받는 저작물이므로
본사의 허락 없이 무단 전재, 복제, 전자출판 등을 금합니다.

머리말 ★

논어, 맹자, 노자, 주역과 함께 중국 최고의 고전으로 꼽히며
전 세계의 리더들이 가까이 두고 마음에 새기는 『손자병법』

중국의 춘추전국시대는 국가의 존망이 전쟁으로 결정되던 시대였다. 전쟁이 곧 삶이었던 그 시대에 손무는 『손자병법』을 썼다. 총 13편으로 구성된 『손자병법』은 전쟁에서 이기는 방법을 알려주는 책이다.

不戰而屈人之兵 善之善者也
싸우지 않고 적을 완전히 굴복시키는 전술이 최선이다.

知彼知己 百戰不殆
적을 알고 나를 알면 백번 싸워도 위태롭지 않다.

위와 같이 우리가 익히 들어 알고 있는 불후의 명언이 담겨 있는 최고의 병법서이자 철학서인 『손자병법』은 미국 육군사관학교를 비롯하여 세계 각국의 군대에서 교과서로 삼을 만큼 그 가치와 의미를 인정받는 책으로 국경과 시대를 초월하여 지혜를 전하는 고전 중의 고전이다. 그런데 『손자병법』이 단순히 전쟁에 한정된 책이라면 2천5백 년이 지난 지금 우리가 이 책을 읽어야 할 이유가 없

다. 전쟁을 넘어 인간관계와 심리를 다룬 철학책이기 때문에 우리는 『손자병법』을 곁에 둔다.

현대 사회에 사는 독자는 복잡한 인간관계와 사회관계 안에서 현명한 처세술을 터득해야 한다. 『손자병법』은 지혜와 정보와 사람을 다루는 처세술에 관하여 깊은 통찰과 깨달음을 담고 있기 때문에 심리적, 사회적, 인간관계에 관련하여 독자에게 구체적인 도움을 준다. 또한 『손자병법』은 경영학의 보고이기도 하다. 세계를 움직이는 리더들이 늘 곁에 두고 읽으며 경영전략서로 활용하고 있는 책이다.

다양한 고전 따라쓰기 책을 편집 출간해 온 시사정보연구원은 독자가 『손자병법』의 원문을 읽고 쓰면서 행간의 의미를 스스로 찾아볼 수 있도록 이 책을 구성했다. 『손자병법』은 다른 고전에 비해 분량이 적기 때문에 한자 원문을 한 자 한 자 따라 쓰며 독자 스스로 그 의미를 익혀도 어렵지 않다. 그러나 『손자병법』은 깊이를 알 수 없는 고전이다. 시사정보연구원이 펴낸 『손자병법 따라쓰기』는 독자를 손자병법의 깊은 세계로 이끄는 첫 관문일 뿐이다.

손자병법의 철학은 독자가 평생 동안 탐구해도 모자라지 않다. 시사정보연구원이 펴낸 『손자병법 따라쓰기』 책을 손으로 쓰고 마음으로 익히면서 손자병법의 깊은 의미를 온전히 독자의 것으로 만들 수 있기를 바란다.

차례

第一 始計篇(시계편) • 10

第二 作戰篇(작전편) • 18

第三 謀攻篇(모공편) • 26

第四 軍形篇(군형편) • 38

第五 兵勢篇(병세편) • 47

第六 虛實篇(허실편) • 56

第七 軍爭篇(군쟁편) • 71

第八 九變篇(구변편) • 84

第九 行軍篇(행군편) • 91

第十 地形篇(지형편) • 107

第十一 九地篇(구지편) • 120

第十二 火攻篇(화공편) • 144

第十三 用間篇(용간편) • 150

★ 한자 쓰기의 기본 원칙

1. 위에서 아래로 쓴다.
   言(말씀 언) → 丶 二 三 亖 言 言 言
   雲(구름 운) → 一 厂 广 币 示 雨 雲 雲 雲 雲

2. 왼쪽에서 오른쪽으로 쓴다.
   江(강 강) → 丶 冫 氵 氵 江 江
   例(법식 예) → 丿 亻 亻 亻 刎 伢 例 例

3. 가로획과 세로획이 겹칠 때는 가로획을 먼저 쓴다.
   用(쓸 용) → 丿 冂 月 月 用
   共(함께 공) → 一 十 廾 共 共 共

4. 삐침과 파임이 만날 때는 삐침을 먼저 쓴다.
   人(사람 인) → 丿 人
   文(글월 문) → 丶 一 ナ 文

5. 좌우가 대칭될 때에는 가운데를 먼저 쓴다.
   小(작을 소) → 亅 小 小
   承(받들 승) → 乛 了 子 矛 孟 承 承 承

6. 둘러 싼 모양으로 된 자는 바깥쪽을 먼저 쓴다.
   同(같을 동) → 丨 冂 冂 同 同 同
   病(병날 병) → 丶 一 广 疒 疒 疒 病 病 病

7. 글자를 가로지르는 가로획은 나중에 긋는다.
   女(계집 녀) → 乚 女 女
   母(어미 모) → 乚 囗 卫 母 母

8. 글자 전체를 꿰뚫는 세로획은 나중에 쓴다.
   車(수레 거) → 一 厂 冂 日 目 旦 車
   事(일 사) → 一 厂 冂 日 目 킈 彐 事

9. 책받침(辶, 廴)은 나중에 쓴다
   近(원근 근) → ノ ｒ ｆ ｆ 沂 近 近
   建(세울 건) → フ ㄱ ㅋ ㅋ ㅋ 津 津 建 建

10. 오른쪽 위에 점이 있는 글자는 그 점을 나중에 찍는다.
    犬(개 견) → 一 ナ 大 犬
    成(이룰 성) → ノ 厂 厂 厂 成 成 成

▣ 한자의 기본 점(點)과 획(劃)
  (1) 점
    ① 「丶」: 왼점   ② 「丶」: 오른점
    ③ 「丶」: 오른 치킴   ④ 「丶」: 오른점 삐침
  (2) 직선
    ⑤ 「一」: 가로긋기   ⑥ 「丨」: 내리긋기
    ⑦ 「⼀」: 평갈고리   ⑧ 「亅」: 왼 갈고리
    ⑨ 「ㄴ」: 오른 갈고리
  (3) 곡선
    ⑩ 「丿」: 삐침   ⑪ 「✓」: 치킴
    ⑫ 「丶」: 파임   ⑬ 「辶」: 받침
    ⑭ 「」」: 굽은 갈고리   ⑮ 「乀」: 지게다리
    ⑯ 「⌒」: 누운 지게다리 ⑰ 「乚」: 새가슴

少①	火③	主⑤	伸⑥	揮⑦	表⑨
②	④		⑥	⑧	
冷⑪	送⑬	乎⑭	式⑮	忠⑯	兄⑰
⑩⑫					

第一 始計篇

孫子曰 兵者 國之大事 死生之地 存亡之道 不可不察也 故經之以五 校之以計 而索其情 一曰道 二曰天 三曰地 四曰將 五曰法

孫	子	曰	兵	者	國	之	大	事	死	生	之	地	存
손자 손	아들 자	가로 왈	병사 병	놈 자	나라 국	갈 지	클 대	일 사	죽을 사	날 생	갈 지	땅 지	있을 존

亡	之	道	不	可	不	察	也	故	經	之	以	五	校
망할 망	갈 지	길 도	아닐 불	옳을 가	아닐 불	살필 찰	어조사 야	연고 고	지날 경	갈 지	써 이	다섯 오	학교 교

之	以	計	而	索	其	情	一	曰	道	二	曰	天	三
갈 지	써 이	셀 계	말 이을 이	찾을 색	그 기	뜻 정	한 일	가로 왈	길 도	두 이	가로 왈	하늘 천	석 삼

曰	地	四	曰	將	五	曰	法
가로 왈	땅 지	넉 사	가로 왈	장수 장	다섯 오	가로 왈	법 법

자유롭게 써보세요

道者 令民與上同意也 故可與之死 可與之生 而民不畏危也 天者 陰陽 寒暑 時制也 地者 遠近 險易 廣狹 死生也

道	者	令	民	與	上	同	意	也	故	可	與	之	死
길 도	놈 자	하여금 영	백성 민	더불 여	윗 상	한가지 동	뜻 의	어조사 야	연고 고	옳을 가	더불 여	갈 지	죽을 사

可	與	之	生	而	民	不	畏	危	也	天	者	陰	陽
옳을 가	더불 여	갈 지	날 생	말 이을 이	백성 민	아닐 불	두려워할 외	위태할 위	어조사 야	하늘 천	놈 자	그늘 음	볕 양

寒	暑	時	制	也	地	者	遠	近	險	易	廣	狹	死
찰 한	더울 서	때 시	절제할 제	어조사 야	땅 지	놈 자	멀 원	가까울 근	험할 험	쉬울 이	넓을 광	좁을 협	죽을 사

生	也												
날 생	어조사 야												

자유롭게 써보세요

將者 智 信 仁 勇 嚴也 法者 曲制 官道 主用也 凡此五者 將莫不聞 知之者勝 不知者不勝

將	者	智	信	仁	勇	嚴	也	法	者	曲	制	官	道
장수 장	놈 자	지혜 지	믿을 신	어질 인	용감할 용	엄할 엄	어조사 야	법 법	놈 자	굽을 곡	절제할 제	벼슬 관	길 도

主	用	也	凡	此	五	者	將	莫	不	聞	知	之	者
임금 주	쓸 용	어조사 야	무릇 범	이 차	다섯 오	놈 자	장수 장	없을 막	아닐 불	들을 문	알 지	갈 지	놈 자

勝	不	知	者	不	勝
이길 승	아닐 부	알 지	놈 자	아닐 불	이길 승

자유롭게 써보세요

故校之以計 而索其情 曰 主孰有道 將孰有
能 天地孰得 法令孰行 兵衆孰强 士卒孰鍊
賞罰孰明 吾以此知勝負矣

故	校	之	以	計	而	索	其	情	曰	主	孰	有	道
연고 고	학교 교	갈 지	써 이	셀 계	말 이을 이	찾을 색	그 기	뜻 정	가로 왈	임금 주	누구 숙	있을 유	길 도

將	孰	有	能	天	地	孰	得	法	令	孰	行	兵	衆
장수 장	누구 숙	있을 유	능할 능	하늘 천	땅 지	누구 숙	얻을 득	법 법	하여금 령	누구 숙	다닐 행	병사 병	무리 중

孰	强	士	卒	孰	鍊	賞	罰	孰	明	吾	以	此	知
누구 숙	강할 강	선비 사	마칠 졸	누구 숙	단련 련	상줄 상	벌할 벌	누구 숙	밝을 명	나 오	써 이	이 차	알 지

勝	負	矣
이길 승	질 부	어조사 의

자유롭게 써보세요

將聽吾計 用之必勝 留之 將不聽吾計 用之
必敗 去之 計利以聽 乃爲之勢 以佐其外 勢
者 因利而制權也

將	聽	吾	計	用	之	必	勝	留	之	將	不	聽	吾
장수 장	들을 청	나 오	셀 계	쓸 용	갈 지	반드시 필	이길 승	머무를 유	갈 지	장수 장	아닐 불	들을 청	나 오

計	用	之	必	敗	去	之	計	利	以	聽	乃	爲	之
셀 계	쓸 용	갈 지	반드시 필	패할 패	갈 거	갈 지	셀 계	이로울 리	써 이	들을 청	이에 내	할 위	갈 지

勢	以	佐	其	外	勢	者	因	利	而	制	權	也	
형세 세	써 이	도울 좌	그 기	바깥 외	형세 세	놈 자	인할 인	이로울 리	말 이을 이	절제할 제	권세 권	어조사 야	

자유롭게 써보세요

兵者 詭道也 故能而示之不能 用而示之不用
近而示之遠 遠而示之近 利而誘之 亂而取之
實而備之 強而避之 怒而撓之 卑而驕之

兵	者	詭	道	也	故	能	而	示	之	不	能	用	而
병사 병	놈 자	속일 궤	길 도	어조사 야	연고 고	능할 능	말 이을 이	보일 시	갈 지	아닐 불	능할 능	쓸 용	말 이을 이

示	之	不	用	近	而	示	之	遠	遠	而	示	之	近
보일 시	갈 지	아닐 불	쓸 용	가까울 근	말 이을 이	보일 시	갈 지	멀 원	멀 원	말 이을 이	보일 시	갈 지	가까울 근

利	而	誘	之	亂	而	取	之	實	而	備	之	強	而
이로울 이	말 이을 이	꾈 유	갈 지	어지러울 난	말 이을 이	가질 취	갈 지	열매 실	말 이을 이	갖출 비	갈 지	강할 강	말 이을 이

避	之	怒	而	撓	之	卑	而	驕	之
피할 피	갈 지	성낼 노	말 이을 이	어지러울 요	갈 지	낮을 비	말 이을 이	교만할 교	갈 지

자유롭게 써보세요

佚而勞之 親而離之 攻其無備 出其不意 此兵家之勝 不可先傳也

佚	而	勞	之	親	而	離	之	攻	其	無	備	出	其
편안할 일	말 이을 이	일할 노	갈 지	친할 친	말 이을 이	떠날 리	갈 지	칠 공	그 기	없을 무	갖출 비	날 출	그 기

不	意	此	兵	家	之	勝	不	可	先	傳	也		
아닐 불	뜻 의	이 차	병사 병	집 가	갈 지	이길 승	아닐 불	옳을 가	먼저 선	전할 전	어조사 야		

자유롭게 써보세요

夫未戰而廟算勝者 得算多也 未戰而廟算不勝者 得算少也 多算勝 少算不勝 而況於無算乎 吾以此觀之 勝負見矣

夫	未	戰	而	廟	算	勝	者	得	算	多	也	未	戰
지아비 부	아닐 미	싸움 전	말 이을 이	사당 묘	셈 산	이길 승	놈 자	얻을 득	셈 산	많을 다	어조사 야	아닐 미	싸움 전

而	廟	算	不	勝	者	得	算	少	也	多	算	勝	少
말 이을 이	사당 묘	셈 산	아닐 불	이길 승	놈 자	얻을 득	셈 산	적을 소	어조사 야	많을 다	셈 산	이길 승	적을 소

算	不	勝	而	況	於	無	算	乎	吾	以	此	觀	之
셈 산	아닐 불	이길 승	말 이을 이	상황 황	어조사 어	없을 무	셈 산	어조사 호	나 오	써 이	이 차	볼 관	갈 지

勝	負	見	矣										
이길 승	질 부	볼 견	어조사 의										

자유롭게 써보세요

第二 作戰篇

孫子曰 凡用兵之法 馳車千駟 革車千乘 帶甲十萬 千里饋糧 則內外之費 賓客之用 膠漆之材 車甲之奉 日費千金 然後十萬之師擧矣

孫	子	曰	凡	用	兵	之	法	馳	車	千	駟	革	車
손자 손	아들 자	가로 왈	무릇 범	쓸 용	병사 병	갈 지	법 법	달릴 치	수레 차	일천 천	사마 사	가죽 혁	수레 차

千	乘	帶	甲	十	萬	千	里	饋	糧	則	內	外	之
일천 천	탈 승	띠 대	갑옷 갑	열 십	일만 만	일천 천	마을 리	보낼 궤	양식 량	곧 즉	안 내	바깥 외	갈 지

費	賓	客	之	用	膠	漆	之	材	車	甲	之	奉	日
쓸 비	손 빈	손 객	갈 지	쓸 용	아교 교	옻 칠	갈 지	재목 재	수레 차	갑옷 갑	갈 지	받들 봉	날 일

費	千	金	然	後	十	萬	之	師	擧	矣
쓸 비	일천 천	쇠 금	그럴 연	뒤 후	열 십	일만 만	갈 지	스승 사	들 거	어조사 의

자유롭게 써보세요

其用戰也 勝久則屯兵挫銳 攻城則力屈 久暴師則國用不足

其	用	戰	也	勝	久	則	屯	兵	挫	銳	攻	城	則
그 기	쓸 용	싸움 전	어조사 야	이길 승	오랠 구	곧 즉	진칠 둔	병사 병	꺾을 좌	날카로울 예	칠 공	성 성	곧 즉

力	屈	久	暴	師	則	國	用	不	足
힘 력	굽힐 굴	오랠 구	사나울 폭	스승 사	곧 즉	나라 국	쓸 용	아닐 부	발 족

자유롭게 써보세요

夫鈍兵挫銳 屈力殫貨 則諸侯乘其弊而起
雖有智者 不能善其後矣 故兵聞拙速 未睹
巧之久也 夫兵久而國利者 未之有也

夫	鈍	兵	挫	銳	屈	力	殫	貨	則	諸	侯	乘	其
지아비 부	둔할 둔	병사 병	꺾을 좌	날카로울 예	굽힐 굴	힘 력	다할 탄	재물 화	곧 즉	모두 제	제후 후	탈 승	그 기

弊	而	起	雖	有	智	者	不	能	善	其	後	矣	故
폐단 폐	말 이을 이	일어날 기	비록 수	있을 유	지혜 지	놈 자	아닐 불	능할 능	착할 선	그 기	뒤 후	어조사 의	연고 고

兵	聞	拙	速	未	睹	巧	之	久	也	夫	兵	久	而
병사 병	들을 문	옹졸할 졸	빠를 속	아닐 미	볼 도	공교할 교	갈 지	오랠 구	어조사 야	지아비 부	병사 병	오랠 구	말 이을 이

國	利	者	未	之	有	也
나라 국	이로울 리	놈 자	아닐 미	갈 지	있을 유	어조사 야

자유롭게 써보세요

故不盡知用兵之害者 則不能盡知用兵之利也 善用兵者 役不再籍 糧不三載 取用於國 因糧於敵 故軍食可足也

故	不	盡	知	用	兵	之	害	者	則	不	能	盡	知
연고 고	아닐 부	다할 진	알 지	쓸 용	병사 병	갈 지	해할 해	놈 자	곧 즉	아닐 불	능할 능	다할 진	알 지

用	兵	之	利	也	善	用	兵	者	役	不	再	籍	糧
쓸 용	병사 병	갈 지	이로울 리	어조사 야	착할 선	쓸 용	병사 병	놈 자	부릴 역	아닐 부	두 재	문서 적	양식 양

不	三	載	取	用	於	國	因	糧	於	敵	故	軍	食
아닐 불	석 삼	실을 재	가질 취	쓸 용	어조사 어	나라 국	인할 인	양식 량	어조사 어	대적할 적	연고 고	군사 군	밥 식

可	足	也											
옳을 가	발 족	어조사 야											

자유롭게 써보세요

國之貧於師者遠輸 遠輸則百姓貧 近於師者貴賣 貴賣則百姓財竭 財竭則急於丘役

國	之	貧	於	師	者	遠	輸	遠	輸	則	百	姓	貧
나라 국	갈 지	가난할 빈	어조사 어	스승 사	놈 자	멀 원	보낼 수	멀 원	보낼 수	곧 즉	일백 백	백성 성	가난할 빈

近	於	師	者	貴	賣	貴	賣	則	百	姓	財	竭	財
가까울 근	어조사 어	스승 사	놈 자	귀할 귀	팔 매	귀할 귀	팔 매	곧 즉	일백 백	백성 성	재물 재	다할 갈	재물 재

竭	則	急	於	丘	役
다할 갈	곧 즉	급할 급	어조사 어	언덕 구	부릴 역

자유롭게 써보세요

力屈財殫 中原內虛於家 百姓之費 十去其七 公家之費 破車罷馬 甲冑矢弩 戟楯矛櫓 丘牛大車 十去其六

力	屈	財	殫	中	原	內	虛	於	家	百	姓	之	費
힘 역	굽힐 굴	재물 재	다할 탄	가운데 중	언덕 원	안 내	빌 허	어조사 어	집 가	일백 백	백성 성	갈 지	쓸 비

十	去	其	七	公	家	之	費	破	車	罷	馬	甲	冑
열 십	갈 거	그 기	일곱 칠	공평할 공	집 가	갈 지	쓸 비	깨뜨릴 파	수레 차	고달플 피	말 마	갑옷 갑	투구 주

矢	弩	戟	楯	矛	櫓	丘	牛	大	車	十	去	其	六
화살 시	쇠뇌 노	창 극	난간 순	창 모	방패 로	언덕 구	소 우	클 대	수레 차	열 십	갈 거	그 기	여섯 륙

자유롭게 써보세요

故智將務食於敵 食敵一鍾 當吾二十鍾 䔺稈一石 當吾二十石 故殺敵者 怒也 取敵之利者 貨也 故車戰 得車十乘已上 賞其先得者

故	智	將	務	食	於	敵	食	敵	一	鍾	當	吾	二
연고 고	지혜 지	장수 장	힘쓸 무	밥 식	어조사 어	대적할 적	밥 식	대적할 적	한 일	쇠북 종	마땅 당	나 오	두 이

十	鍾	䔺	稈	一	石	當	吾	二	十	石	故	殺	敵
열 십	쇠북 종	콩대 기	볏짚 간	한 일	섬 석	마땅 당	나 오	두 이	열 십	섬 석	연고 고	죽일 살	대적할 적

者	怒	也	取	敵	之	利	者	貨	也	故	車	戰	得
놈 자	성낼 노	어조사 야	가질 취	대적할 적	갈 지	이로울 리	놈 자	재물 화	어조사 야	연고 고	수레 차	싸움 전	얻을 득

車	十	乘	已	上	賞	其	先	得	者
수레 차	열 십	탈 승	이미 이	윗 상	상줄 상	그 기	먼저 선	얻을 득	놈 자

자유롭게 써보세요

而更其旌旗 車雜而乘之 卒善而養之 是謂
勝敵而益強 故兵貴勝 不貴久 故知兵之將
民之司命 國家安危之主也

而	更	其	旌	旗	車	雜	而	乘	之	卒	善	而	養
말 이을 **이**	다시 **갱**	그 **기**	기 **정**	기 **기**	수레 **차**	섞일 **잡**	말 이을 **이**	탈 **승**	갈 **지**	마칠 **졸**	착할 **선**	말 이을 **이**	기를 **양**

之	是	謂	勝	敵	而	益	强	故	兵	貴	勝	不	貴
갈 **지**	이 **시**	이를 **위**	이길 **승**	대적할 **적**	말 이을 **이**	더할 **익**	강할 **강**	연고 **고**	병사 **병**	귀할 **귀**	이길 **승**	아닐 **불**	귀할 **귀**

久	故	知	兵	之	將	民	之	司	命	國	家	安	危
오랠 **구**	연고 **고**	알 **지**	병사 **병**	갈 **지**	장수 **장**	백성 **민**	갈 **지**	맡을 **사**	목숨 **명**	나라 **국**	집 **가**	편안할 **안**	위태할 **위**

之	主	也
갈 **지**	임금 **주**	어조사 **야**

자유롭게 써보세요

第三 謀攻篇

孫子曰 凡用兵之法 全國爲上 破國次之 全軍爲上 破軍次之 全旅爲上 破旅次之 全卒爲上 破卒次之 全伍爲上 破伍次之

孫	子	曰	凡	用	兵	之	法	全	國	爲	上	破	國
손자 손	아들 자	가로 왈	무릇 범	쓸 용	병사 병	갈 지	법 법	온전할 전	나라 국	할 위	윗 상	깨뜨릴 파	나라 국

次	之	全	軍	爲	上	破	軍	次	之	全	旅	爲	上
버금 차	갈 지	온전할 전	군사 군	할 위	윗 상	깨뜨릴 파	군사 군	버금 차	갈 지	온전할 전	나그네 려	할 위	윗 상

破	旅	次	之	全	卒	爲	上	破	卒	次	之	全	伍
깨뜨릴 파	나그네 려	버금 차	갈 지	온전할 전	마칠 졸	할 위	윗 상	깨뜨릴 파	마칠 졸	버금 차	갈 지	온전할 전	다섯 사람 오

爲	上	破	伍	次	之
할 위	윗 상	깨뜨릴 파	다섯 사람 오	버금 차	갈 지

자유롭게 써보세요

是故百戰百勝 非善之善者也 不戰而屈人之兵 善之善者也 故上兵 伐謀 其次 伐交 其次 伐兵 其下攻城

是	故	百	戰	百	勝	非	善	之	善	者	也	不	戰
이 시	연고 고	일백 백	싸움 전	일백 백	이길 승	아닐 비	착할 선	갈 지	착할 선	놈 자	어조사 야	아닐 부	싸움 전

而	屈	人	之	兵	善	之	善	者	也	故	上	兵	伐
말 이을 이	굽힐 굴	사람 인	갈 지	병사 병	착할 선	갈 지	착할 선	놈 자	어조사 야	연고 고	윗 상	병사 병	칠 벌

謀	其	次	伐	交	其	次	伐	兵	其	下	攻	城
꾀 모	그 기	버금 차	칠 벌	사귈 교	그 기	버금 차	칠 벌	병사 병	그 기	아래 하	칠 공	성 성

자유롭게 써보세요

攻城之法 爲不得已 修櫓轒轀 具器械 三月
而後成 距闉 又三月而後已

攻	城	之	法	爲	不	得	已	修	櫓	轒	轀	具	器
칠 공	성 성	갈 지	법 법	할 위	아닐 부	얻을 득	이미 이	닦을 수	방패 로	병거 분	수레 온	갖출 구	그릇 기

械	三	月	而	後	成	距	闉	又	三	月	而	後	已
기계 계	석 삼	달 월	말 이을 이	뒤 후	이룰 성	막을 거	성곽문 인	또 우	석 삼	달 월	말 이을 이	뒤 후	이미 이

자유롭게 써보세요

將不勝其忿 而蟻附之 殺士卒三分之一 而城不拔者 此攻之災也 故善用兵者 屈人之兵而非戰也 拔人之城而非攻也

將	不	勝	其	忿	而	蟻	附	之	殺	士	卒	三	分
장수 장	아닐 불	이길 승	그 기	성낼 분	말 이을 이	개미 의	붙을 부	갈 지	죽일 살	선비 사	마칠 졸	석 삼	나눌 분

之	一	而	城	不	拔	者	此	攻	之	災	也	故	善
갈 지	한 일	말 이을 이	성 성	아닐 불	뽑을 발	놈 자	이 차	칠 공	갈 지	재앙 재	어조사 야	연고 고	착할 선

用	兵	者	屈	人	之	兵	而	非	戰	也	拔	人	之
쓸 용	병사 병	놈 자	굽힐 굴	사람 인	갈 지	병사 병	말 이을 이	아닐 비	싸움 전	어조사 야	뽑을 발	사람 인	갈 지

城	而	非	攻	也									
성 성	말 이을 이	아닐 비	칠 공	어조사 야									

자유롭게 써보세요

毀人之國而非久也 必以全爭於天下 故兵不頓而利可全 此謀攻之法也

毀	人	之	國	而	非	久	也	必	以	全	爭	於	天
헐 훼	사람 인	갈 지	나라 국	말 이을 이	아닐 비	오랠 구	어조사 야	반드시 필	써 이	온전할 전	다툴 쟁	어조사 어	하늘 천

下	故	兵	不	頓	而	利	可	全	此	謀	攻	之	法
아래 하	연고 고	병사 병	아닐 부	조아릴 둔	말 이을 이	이로울 이	옳을 가	온전할 전	이 차	꾀 모	칠 공	갈 지	법 법

也
어조사 야

자유롭게 써보세요

故用兵之法 十則圍之 五則攻之 倍則分之
敵則能戰之 少則能逃之 不若則能避之 故
小敵之堅 大敵之擒也

故	用	兵	之	法	十	則	圍	之	五	則	攻	之	倍
연고 고	쓸 용	병사 병	갈 지	법 법	열 십	곧 즉	에워쌀 위	갈 지	다섯 오	곧 즉	칠 공	갈 지	곱 배

則	分	之	敵	則	能	戰	之	少	則	能	逃	之	不
곧 즉	나눌 분	갈 지	대적할 적	곧 즉	능할 능	싸움 전	갈 지	적을 소	곧 즉	능할 능	도망할 도	갈 지	아닐 불

若	則	能	避	之	故	小	敵	之	堅	大	敵	之	擒
같을 약	곧 즉	능할 능	피할 피	갈 지	연고 고	작을 소	대적할 적	갈 지	굳을 견	클 대	대적할 적	갈 지	사로잡을 금

也													
어조사 야													

자유롭게 써보세요

夫將者 國之輔也 輔周則國必強 輔隙則國必弱

夫	將	者	國	之	輔	也	輔	周	則	國	必	強	輔
지아비 부	장수 장	놈 자	나라 국	갈 지	도울 보	어조사 야	도울 보	두루 주	곧 즉	나라 국	반드시 필	강할 강	도울 보

隙	則	國	必	弱									
틈 극	곧 즉	나라 국	반드시 필	약할 약									

자유롭게 써보세요

故君之所以患於軍者三 不知軍之不可以進而謂之進 不知軍之不可以退而謂之退 是爲縻軍

故	君	之	所	以	患	於	軍	者	三	不	知	軍	之
연고 고	임금 군	갈 지	바 소	써 이	근심 환	어조사 어	군사 군	놈 자	석 삼	아닐 부	알 지	군사 군	갈 지

不	可	以	進	而	謂	之	進	不	知	軍	之	不	可
아닐 불	옳을 가	써 이	나아갈 진	말 이을 이	이를 위	갈 지	나아갈 진	아닐 부	알 지	군사 군	갈 지	아닐 불	옳을 가

以	退	而	謂	之	退	是	爲	縻	軍				
써 이	물러날 퇴	말 이을 이	이를 위	갈 지	물러날 퇴	이 시	할 위	고삐 미	군사 군				

자유롭게 써보세요

不知三軍之事 而同三軍之政 則軍士惑矣
不知三軍之權 而同三軍之任 則軍士疑矣

不	知	三	軍	之	事	而	同	三	軍	之	政	則	軍
아닐 부	알 지	석 삼	군사 군	갈 지	일 사	말 이을 이	한가지 동	석 삼	군사 군	갈 지	정사 정	곧 즉	군사 군

士	惑	矣	不	知	三	軍	之	權	而	同	三	軍	之
선비 사	미혹할 혹	어조사 의	아닐 부	알 지	석 삼	군사 군	갈 지	권세 권	말 이을 이	한가지 동	석 삼	군사 군	갈 지

任	則	軍	士	疑	矣
맡길 임	곧 즉	군사 군	선비 사	의심할 의	어조사 의

자유롭게 써보세요

三軍旣惑且疑 則諸侯之難至矣 是謂亂軍引勝 故知勝有五 知可以戰 與不可以戰者勝 識衆寡之用者勝

三	軍	旣	惑	且	疑	則	諸	侯	之	難	至	矣	是
석 삼	군사 군	이미 기	미혹할 혹	또 차	의심할 의	곧 즉	모두 제	제후 후	갈 지	어려울 난	이를 지	어조사 의	이 시

謂	亂	軍	引	勝	故	知	勝	有	五	知	可	以	戰
이를 위	어지러울 난	군사 군	끌 인	이길 승	연고 고	알 지	이길 승	있을 유	다섯 오	알 지	옳을 가	써 이	싸움 전

與	不	可	以	戰	者	勝	識	衆	寡	之	用	者	勝
더불 여	아닐 불	옳을 가	써 이	싸움 전	놈 자	이길 승	알 식	무리 중	적을 과	갈 지	쓸 용	놈 자	이길 승

자유롭게 써보세요

上下同欲者勝 以虞待不虞者勝 將能而君不御者勝 此五者 知勝之道也

上	下	同	欲	者	勝	以	虞	待	不	虞	者	勝	將
윗 상	아래 하	한가지 동	하고자할 욕	놈 자	이길 승	써 이	염려할 우	기다릴 대	아닐 불	염려할 우	놈 자	이길 승	장수 장

能	而	君	不	御	者	勝	此	五	者	知	勝	之	道
능할 능	말 이을 이	임금 군	아닐 불	거느릴 어	놈 자	이길 승	이 차	다섯 오	놈 자	알 지	이길 승	갈 지	길 도

也													
어조사 야													

자유롭게 써보세요

故曰 知彼知己 白戰不殆 不知彼而知己 一勝一負 不知彼不之己 每戰必殆

故	曰	知	彼	知	己	白	戰	不	殆	不	知	彼	而
연고 고	가로 왈	알 지	저 피	알 지	몸 기	흰 백	싸움 전	아닐 불	위태할 태	아닐 부	알 지	저 피	말 이을 이

知	己	一	勝	一	負	不	知	彼	不	之	己	每	戰
알 지	몸 기	한 일	이길 승	한 일	질 부	아닐 부	알 지	저 피	아닐 부	갈 지	몸 기	매양 매	싸움 전

必	殆
반드시 필	위태할 태

자유롭게 써보세요

第四 軍形篇

孫子曰 昔之善戰者 先爲不可勝 以待敵之可勝 不可勝在己 可勝在敵 故善戰者 能爲不可勝 不能使敵之必可勝

孫	子	曰	昔	之	善	戰	者	先	爲	不	可	勝	以
손자 손	아들 자	가로 왈	예 석	갈 지	착할 선	싸움 전	놈 자	먼저 선	할 위	아닐 불	옳을 가	이길 승	써 이

待	敵	之	可	勝	不	可	勝	在	己	可	勝	在	敵
기다릴 대	대적할 적	갈 지	옳을 가	이길 승	아닐 불	옳을 가	이길 승	있을 재	몸 기	옳을 가	이길 승	있을 재	대적할 적

故	善	戰	者	能	爲	不	可	勝	不	能	使	敵	之
연고 고	착할 선	싸움 전	놈 자	능할 능	할 위	아닐 불	옳을 가	이길 승	아닐 불	능할 능	하여금 사	대적할 적	갈 지

必	可	勝
반드시 필	옳을 가	이길 승

자유롭게 써보세요

故曰 勝可知 而不可爲 不可勝者 守也 可勝者 攻也 守則不足 攻則有餘

故	曰	勝	可	知	而	不	可	爲	不	可	勝	者	守
연고 고	가로 왈	이길 승	옳을 가	알 지	말 이을 이	아닐 불	옳을 가	할 위	아닐 불	옳을 가	이길 승	놈 자	지킬 수

也	可	勝	者	攻	也	守	則	不	足	攻	則	有	餘
어조사 야	옳을 가	이길 승	놈 자	칠 공	어조사 야	지킬 수	곧 즉	아닐 부	발 족	칠 공	곧 즉	있을 유	남을 여

자유롭게 써보세요

善守者 藏於九地之下 善攻者 動於九天之上 故能自保而全勝也

善	守	者	藏	於	九	地	之	下	善	攻	者	動	於
착할 선	지킬 수	놈 자	감출 장	어조사 어	아홉 구	땅 지	갈 지	아래 하	착할 선	칠 공	놈 자	움직일 동	어조사 어

九	天	之	上	故	能	自	保	而	全	勝	也		
아홉 구	하늘 천	갈 지	윗 상	연고 고	능할 능	스스로 자	지킬 보	말 이을 이	온전할 전	이길 승	어조사 야		

자유롭게 써보세요

見勝不過衆人之所知 非善之善者也 戰勝而
天下曰善 非善之善者也 故擧秋毫不爲多力
見日月不爲明目 聞雷霆不爲聰耳

見	勝	不	過	衆	人	之	所	知	非	善	之	善	者
볼 견	이길 승	아닐 불	지날 과	무리 중	사람 인	갈 지	바 소	알 지	아닐 비	착할 선	갈 지	착할 선	놈 자

也	戰	勝	而	天	下	曰	善	非	善	之	善	者	也
어조사 야	싸움 전	이길 승	말 이을 이	하늘 천	아래 하	가로 왈	착할 선	아닐 비	착할 선	갈 지	착할 선	놈 자	어조사 야

故	擧	秋	毫	不	爲	多	力	見	日	月	不	爲	明
연고 고	들 거	가을 추	터럭 호	아닐 불	할 위	많을 다	힘 력	볼 견	날 일	달 월	아닐 불	할 위	밝을 명

目	聞	雷	霆	不	爲	聰	耳
눈 목	들을 문	우레 뢰	천둥소리 정	아닐 불	할 위	귀 밝을 총	귀 이

자유롭게 써보세요

古之所謂善戰者勝 勝於易勝者也 故善戰者
之勝也 無智名 無勇功 故其戰勝不忒

古	之	所	謂	善	戰	者	勝	勝	於	易	勝	者	也
옛 고	갈 지	바 소	이를 위	착할 선	싸움 전	놈 자	이길 승	이길 승	어조사 어	쉬울 이	이길 승	놈 자	어조사 야

故	善	戰	者	之	勝	也	無	智	名	無	勇	功	故
연고 고	착할 선	싸움 전	놈 자	갈 지	이길 승	어조사 야	없을 무	지혜 지	이름 명	없을 무	날랠 용	공 공	연고 고

其	戰	勝	不	忒
그 기	싸움 전	이길 승	아닐 불	틀릴 특

자유롭게 써보세요

不忒者 其所措勝 勝已敗者也 故善戰者 立
於不敗之地 而不失敵之敗也

不	忒	者	其	所	措	勝	勝	已	敗	者	也	故	善
아닐 불	틀릴 특	놈 자	그 기	바 소	둘 조	이길 승	이길 승	이미 이	패일 패	놈 자	어조사 야	연고 고	착할 선

戰	者	立	於	不	敗	之	地	而	不	失	敵	之	敗
싸움 전	놈 자	설 입	어조사 어	아닐 불	패할 패	갈 지	땅 지	말 이을 이	아닐 불	잃을 실	대적할 적	갈 지	패할 패

也
어조사 야

자유롭게 써보세요

是故 勝兵 先勝而後求戰 敗兵 先戰而後求
勝 善用兵者 修道而保法 故能爲勝敗之政

是	故	勝	兵	先	勝	而	後	求	戰	敗	兵	先	戰
이 시	연고 고	이길 승	병사 병	먼저 선	이길 승	말 이을 이	뒤 후	구할 구	싸움 전	패할 패	병사 병	먼저 선	싸움 전

而	後	求	勝	善	用	兵	者	修	道	而	保	法	故
말 이을 이	뒤 후	구할 구	이길 승	착할 선	쓸 용	병사 병	놈 자	닦을 수	길 도	말 이을 이	지킬 보	법 법	연고 고

能	爲	勝	敗	之	政
능할 능	할 위	이길 승	패할 패	갈 지	정사 정

자유롭게 써보세요

兵法 一曰度 二曰量 三曰數 四曰稱 五曰勝
地生度 度生量 量生數 數生稱 稱生勝

兵	法	一	曰	度	二	曰	量	三	曰	數	四	曰	稱
병사 병	법 법	한 일	가로 왈	법도 도	두 이	가로 왈	헤아릴 량	석 삼	가로 왈	셈할 수	넉 사	가로 왈	일컬을 칭

五	曰	勝	地	生	度	度	生	量	量	生	數	數	生
다섯 오	가로 왈	이길 승	땅 지	날 생	법도 도	법도 도	날 생	헤아릴 량	헤아릴 양	날 생	셈할 수	셈할 수	날 생

稱	稱	生	勝
일컬을 칭	일컬을 칭	날 생	이길 승

자유롭게 써보세요

故勝兵若以鎰稱銖 敗兵若以銖稱鎰 勝者之戰民也 若決積水於千仞之溪者 形也

故	勝	兵	若	以	鎰	稱	銖	敗	兵	若	以	銖	稱
연고 고	이길 승	병사 병	같을 약	써 이	무게이름 일	일컬을 칭	저울눈 수	패할 패	병사 병	같을 약	써 이	저울눈 수	일컬을 칭

鎰	勝	者	之	戰	民	也	若	決	積	水	於	千	仞
무게이름 일	이길 승	놈 자	갈 지	싸움 전	백성 민	어조사 야	같을 약	결단할 결	쌓을 적	물 수	어조사 어	하늘 천	길 인

之	溪	者	形	也
갈 지	시내 계	놈 자	모양 형	어조사 야

자유롭게 써보세요

第五 兵勢篇

孫子曰 凡治衆如治寡 分數是也 鬪衆如鬪寡 形名是也 三軍之衆 可使必受敵而無敗者 奇正是也

孫	子	曰	凡	治	衆	如	治	寡	分	數	是	也	鬪
손자 손	아들 자	가로 왈	무릇 범	다스릴 치	무리 중	같을 여	다스릴 치	적을 과	나눌 분	셈할 수	이 시	어조사 야	싸울 투

衆	如	鬪	寡	形	名	是	也	三	軍	之	衆	可	使
무리 중	같을 여	싸울 투	적을 과	모양 형	이름 명	이 시	어조사 야	석 삼	군사 군	갈 지	무리 중	옳을 가	하여금 사

必	受	敵	而	無	敗	者	寄	正	是	也			
반드시 필	받을 수	대적할 적	말 이을 이	없을 무	패할 패	놈 자	부칠 기	바를 정	이 시	어조사 야			

자유롭게 써보세요

兵之所加 如以碬投卵者 虛實是也 凡戰者
以正合 以奇勝 故善出奇者 無窮如天地 不
竭如江河

兵	之	所	加	如	以	碬	投	卵	者	虛	實	是	也
병사 병	갈 지	바 소	더할 가	같을 여	써 이	숫돌 하	던질 투	알 란	놈 자	빌 허	열매 실	이 시	어조사 야

凡	戰	者	以	正	合	以	奇	勝	故	善	出	奇	者
무릇 범	싸움 전	놈 자	써 이	바를 정	합할 합	써 이	기특할 기	이길 승	연고 고	착할 선	날 출	기특할 기	놈 자

無	窮	如	天	地	不	竭	如	江	河				
없을 무	다할 궁	같을 여	하늘 천	땅 지	아닐 불	다할 갈	같을 여	강 강	물 하				

자유롭게 써보세요

終而復始 日月是也 死而復生 四時是也 聲不過五 五聲之變 不可勝聽也 色不過五 五色之變 不可勝觀也

終	而	復	始	日	月	是	也	死	而	復	生	四	時
마칠 종	말 이을 이	다시 부	비로소 시	날 일	달 월	이 시	어조사 야	죽을 사	말 이을 이	다시 부	날 생	넉 사	때 시

是	也	聲	不	過	五	五	聲	之	變	不	可	勝	聽
이 시	어조사 야	소리 성	아닐 불	지날 과	다섯 오	다섯 오	소리 성	갈 지	변할 변	아닐 불	옳을 가	이길 승	들을 청

也	色	不	過	五	五	色	之	變	不	可	勝	觀	也
어조사 야	빛 색	아닐 불	지날 과	다섯 오	다섯 오	빛 색	갈 지	변할 변	아닐 불	옳을 가	이길 승	볼 관	어조사 야

자유롭게 써보세요

味不過五 五味之變 不可勝嘗也 戰勢不過
奇正 奇正之變 不可勝窮也 奇正相生 如循
環之無端 孰能窮之哉

味	不	過	五	五	味	之	變	不	可	勝	嘗	也	戰
맛 미	아닐 불	지날 과	다섯 오	다섯 오	맛 미	갈 지	변할 변	아닐 불	옳을 가	이길 승	맛볼 상	어조사 야	싸움 전

勢	不	過	奇	正	奇	正	之	變	不	可	勝	窮	也
형세 세	아닐 불	지날 과	기특할 기	바를 정	기특할 기	바를 정	갈 지	변할 변	아닐 불	옳을 가	이길 승	다할 궁	어조사 야

奇	正	相	生	如	循	環	之	無	端	孰	能	窮	之
기특할 기	바를 정	서로 상	날 생	같을 여	돌 순	고리 환	갈 지	없을 무	끝 단	누구 숙	능할 능	다할 궁	갈 지

哉
어조사 재

激水之疾 至於漂石者 勢也 鷙鳥之疾 至於
毀折者 節也 是故 善戰者 其勢險 其節短
勢如彍弩 節如發機

激	水	之	疾	至	於	漂	石	者	勢	也	鷙	鳥	之
격할 격	물 수	갈 지	병 질	이를 지	어조사 어	떠다닐 표	돌 석	놈 자	형세 세	어조사 야	무거울 지	새 조	갈 지

疾	至	於	毀	折	者	節	也	是	故	善	戰	者	其
병 질	이를 지	어조사 어	헐 훼	꺾을 절	놈 자	마디 절	어조사 야	이 시	연고 고	착할 선	싸움 전	놈 자	그 기

勢	險	其	節	短	勢	如	彍	弩	節	如	發	機
형세 세	험할 험	그 기	마디 절	짧을 단	형세 세	같을 여	당길 확	쇠뇌 노	마디 절	같을 여	필 발	틀 기

자유롭게 써보세요

紛紛紜紜 鬪亂而不可亂也 渾渾沌沌 形圓而不可敗也 亂生於治 怯生於勇 弱生於强 治亂 數也 勇怯 勢也 强弱 形也

故善動敵者 形之 敵必從之 予之 敵必取之 以利動之 以卒待之

故善戰者 求之於勢 不責於人 故能擇人而
任勢 任勢者 其戰人也 如轉木石

故	善	戰	者	求	之	於	勢	不	責	於	人	故	能
연고 고	착할 선	싸움 전	놈 자	구할 구	갈 지	어조사 어	형세 세	아닐 불	꾸짖을 책	어조사 어	사람 인	연고 고	능할 능

擇	人	而	任	勢	任	勢	者	其	戰	人	也	如	轉
가릴 택	사람 인	말 이을 이	맡길 임	형세 세	맡길 임	형세 세	놈 자	그 기	싸움 전	사람 인	어조사 야	같을 여	구를 전

木	石
나무 목	돌 석

자유롭게 써보세요

木石之性 安則靜 危則動 方則止 圓則行 故
善戰人之勢 如轉圓石於千仞之山者 勢也

木	石	之	性	安	則	靜	危	則	動	方	則	止	圓
나무 목	돌 석	갈 지	성품 성	편안 안	곧 즉	고요할 정	위태할 위	곧 즉	움직일 동	모 방	곧 즉	그칠 지	둥글 원

則	行	故	善	戰	人	之	勢	如	轉	圓	石	於	千
곧 즉	다닐 행	연고 고	착할 선	싸움 전	사람 인	갈 지	형세 세	같을 여	구를 전	둥글 원	돌 석	어조사 어	일천 천

仞	之	山	者	勢	也
길 인	갈 지	메 산	놈 자	형세 세	어조사 야

자유롭게 써보세요

第六 虛實篇

孫子曰 凡先處戰地而待敵者 佚 後處戰地
而趨戰者 勞 故善戰者 致人而不致於人

孫	子	曰	凡	先	處	戰	地	而	待	敵	者	佚	後
손자 손	아들 자	가로 왈	무릇 범	먼저 선	곳 처	싸움 전	땅 지	말 이을 이	기다릴 대	대적할 적	놈 자	편안할 일	뒤 후

處	戰	地	而	趨	戰	者	勞	故	善	戰	者	致	人
곳 처	싸움 전	땅 지	말 이을 이	달아날 추	싸움 전	놈 자	일할 노	연고 고	착할 선	싸움 전	놈 자	이를 치	사람 인

而	不	致	於	人									
말 이을 이	아닐 불	이를 치	어조사 어	사람 인									

자유롭게 써보세요

能使敵人自至者 利之也 能使敵人不得至者
害之也 故敵佚能勞之 飽能飢之 安能動之

能	使	敵	人	自	至	者	利	之	也	能	使	敵	人
능할 능	하여금 사	대적할 적	사람 인	스스로 자	이를 지	놈 자	이로울 이	갈 지	어조사 야	능할 능	하여금 사	대적할 적	사람 인

不	得	至	者	害	之	也	故	敵	佚	能	勞	之	飽
아닐 부	얻을 득	이를 지	놈 자	해할 해	갈 지	어조사 야	연고 고	대적할 적	편안할 일	능할 능	일할 노	갈 지	배부를 포

能	飢	之	安	能	動	之							
능할 능	주릴 기	갈 지	편안 안	능할 능	움직일 동	갈 지							

자유롭게 써보세요

出其所必趨 趨其所不意 行千里而不勞者
行於無人之地也 攻而必取者 攻其所不守也
守而必固者 守其所不攻也

出	其	所	必	趨	趨	其	所	不	意	行	千	里	而
날 출	그 기	바 소	반드시 필	달아날 추	달아날 추	그 기	바 소	아닐 불	뜻 의	다닐 행	일천 천	마을 리	말 이을 이

不	勞	者	行	於	無	人	之	地	也	攻	而	必	取
아닐 불	일할 노	놈 자	다닐 행	어조사 어	없을 무	사람 인	갈 지	땅 지	어조사 야	칠 공	말 이을 이	반드시 필	가질 취

者	攻	其	所	不	守	也	守	而	必	固	者	守	其
놈 자	칠 공	그 기	바 소	아닐 불	지킬 수	어조사 야	지킬 수	말 이을 이	반드시 필	굳을 고	놈 자	지킬 수	그 기

所	不	攻	也
바 소	아닐 불	칠 공	어조사 야

자유롭게 써보세요

故善攻者 敵不知其所守 善守者 敵不知其所攻 微乎微乎 至於無形 神乎神乎 至於無聲 故能爲敵之司命

故	善	攻	者	敵	不	知	其	所	守	善	守	者	敵
연고 고	착할 선	칠 공	놈 자	대적할 적	아닐 부	알 지	그 기	바 소	지킬 수	착할 선	지킬 수	놈 자	대적할 적

不	知	其	所	攻	微	乎	微	乎	至	於	無	形	神
아닐 부	알 지	그 기	바 소	칠 공	작을 미	어조사 호	작을 미	어조사 호	이를 지	어조사 어	없을 무	모양 형	귀신 신

乎	神	乎	至	於	無	聲	故	能	爲	敵	之	司	命
어조사 호	귀신 신	어조사 호	이를 지	어조사 어	없을 무	소리 성	연고 고	능할 능	할 위	대적할 적	갈 지	맡을 사	목숨 명

자유롭게 써보세요

進而不可籞者 衝其虛也 退而不可追者 速
而不可及也 故我欲戰 敵雖高壘深溝 不得
不與我戰者 攻其所必救也

進	而	不	可	籞	者	衝	其	虛	也	退	而	不	可
나아갈 진	말 이을 이	아닐 불	옳을 가	금원 어	놈 자	찌를 충	그 기	빌 허	어조사 야	물러날 퇴	말 이을 이	아닐 불	옳을 가

追	者	速	而	不	可	及	也	故	我	欲	戰	敵	雖
쫓을 추	놈 자	빠를 속	말 이을 이	아닐 불	옳을 가	미칠 급	어조사 야	연고 고	나 아	하고자할 욕	싸움 전	대적할 적	비록 수

高	壘	深	溝	不	得	不	與	我	戰	者	攻	其	所
높을 고	보루 루	깊을 심	도랑 구	아닐 부	얻을 득	아닐 불	더불 여	나 아	싸움 전	놈 자	칠 공	그 기	바 소

必	救	也											
반드시 필	구원할 구	어조사 야											

자유롭게 써보세요

我不欲戰 雖劃地而守之 敵不得與我戰者
乖其所之也 故形人而我無形 則我專而敵分
我專爲一 敵分爲十 是以十攻其一也

我	不	欲	戰	雖	劃	地	而	守	之	敵	不	得	與
나 아	아닐 불	하고자할 욕	싸움 전	비록 수	그을 획	땅 지	말 이을 이	지킬 수	갈 지	대적할 적	아닐 부	얻을 득	더불 여

我	戰	者	乖	其	所	之	也	故	形	人	而	我	無
나 아	싸움 전	놈 자	어그러질 괴	그 기	바 소	갈 지	어조사 야	연고 고	모양 형	사람 인	말 이을 이	나 아	없을 무

形	則	我	專	而	敵	分	我	專	爲	一	敵	分	爲
모양 형	곧 즉	나 아	오로지 전	말 이을 이	대적할 적	나눌 분	나 아	오로지 전	할 위	한 일	대적할 적	나눌 분	할 위

十	是	以	十	攻	其	一	也
열 십	이 시	써 이	열 십	칠 공	그 기	한 일	어조사 야

자유롭게 써보세요

則我衆而敵寡 能以衆擊寡 則吾之所與戰者
約矣 吾所與戰之地 不可知 則敵所備者多
敵所備者多 則吾之所戰者 寡矣

則	我	衆	而	敵	寡	能	以	衆	擊	寡	則	吾	之
곧 즉	나 아	무리 중	말 이을 이	대적할 적	적을 과	능할 능	써 이	무리 중	칠 격	적을 과	곧 즉	나 오	갈 지

所	與	戰	者	約	矣	吾	所	與	戰	之	地	不	可
바 소	더불 여	싸움 전	놈 자	맺을 약	어조사 의	나 오	바 소	더불 여	싸움 전	갈 지	땅 지	아닐 불	옳을 가

知	則	敵	所	備	者	多	敵	所	備	者	多	則	吾
알 지	곧 즉	대적할 적	바 소	갖출 비	놈 자	많을 다	대적할 적	바 소	갖출 비	놈 자	많을 다	곧 즉	나 오

之	所	戰	者	寡	矣								
갈 지	바 소	싸움 전	놈 자	적을 과	어조사 의								

자유롭게 써보세요

故備前則後寡 備後則前寡 備左則右寡 備右則左寡 無所不備 則無所不寡 寡者 備人者也 衆者 使人備己者也

故	備	前	則	後	寡	備	後	則	前	寡	備	左	則
연고 고	갖출 비	앞 전	곧 즉	뒤 후	적을 과	갖출 비	뒤 후	곧 즉	앞 전	적을 과	갖출 비	왼 좌	곧 즉

右	寡	備	右	則	左	寡	無	所	不	備	則	無	所
오른쪽 우	적을 과	갖출 비	오른쪽 우	곧 즉	왼 좌	적을 과	없을 무	바 소	아닐 불	갖출 비	곧 즉	없을 무	바 소

不	寡	寡	者	備	人	者	也	衆	者	使	人	備	己
아닐 불	적을 과	적을 과	놈 자	갖출 비	사람 인	놈 자	어조사 야	무리 중	놈 자	하여금 사	사람 인	갖출 비	몸 기

者	也												
놈 자	어조사 야												

자유롭게 써보세요

故知戰之地 知戰之日 則可千里而會戰 不知戰地 不知戰日 則左不能救右 右不能救左

故	知	戰	之	地	知	戰	之	日	則	可	千	里	而
연고 고	알 지	싸움 전	갈 지	땅 지	알 지	싸움 전	갈 지	날 일	곧 즉	옳을 가	일천 천	마을 리	말이을 이

會	戰	不	知	戰	地	不	知	戰	日	則	左	不	能
모일 회	싸움 전	아닐 부	알 지	싸움 전	땅 지	아닐 부	알 지	싸움 전	날 일	곧 즉	왼 좌	아닐 불	능할 능

救	右	右	不	能	救	左
구원할 구	오른쪽 우	오른쪽 우	아닐 불	능할 능	구원할 구	왼 좌

자유롭게 써보세요

前不能救後 後不能救前 而況遠者數十里 近者數里乎 以吾度之 越人之兵雖多 亦奚益於勝敗哉 故曰 勝可爲也 敵雖衆 可使無鬪

前	不	能	救	後	後	不	能	救	前	而	況	遠	者
앞 전	아닐 불	능할 능	구원할 구	뒤 후	뒤 후	아닐 불	능할 능	구원할 구	앞 전	말 이을 이	상황 황	멀 원	놈 자

數	十	里	近	者	數	里	乎	以	吾	度	之	越	人
셈할 수	열 십	마을 리	가까울 근	놈 자	셈할 수	마을 리	어조사 호	써 이	나 오	법도 도	갈 지	넘을 월	사람 인

之	兵	雖	多	亦	奚	益	於	勝	敗	哉	故	曰	勝
갈 지	병사 병	비록 수	많을 다	또 역	어찌 해	더할 익	어조사 어	이길 승	패할 패	어조사 재	연고 고	가로 왈	이길 승

可	爲	也	敵	雖	衆	可	使	無	鬪
옳을 가	할 위	어조사 야	대적할 적	비록 수	무리 중	옳을 가	하여금 사	없을 무	싸울 투

자유롭게 써보세요

故策之而知得失之計 作之而知動靜之理 形之而知死生之地 角之而知有餘不足之處

故	策	之	而	知	得	失	之	計	作	之	而	知	動
연고 고	꾀 책	갈 지	말 이을 이	알 지	얻을 득	잃을 실	갈 지	셀 계	지을 작	갈 지	말 이을 이	알 지	움직일 동

靜	之	理	形	之	而	知	死	生	之	地	角	之	而
고요할 정	갈 지	다스릴 리	모양 형	갈 지	말 이을 이	알 지	죽을 사	날 생	갈 지	땅 지	뿔 각	갈 지	말 이을 이

知	有	餘	不	足	之	處
알 지	있을 유	남을 여	아닐 부	발 족	갈 지	곳 처

자유롭게 써보세요

故形兵之極 至於無形 無形則深間不能窺 智者不能謀

故	形	兵	之	極	至	於	無	形	無	形	則	深	間
연고 고	모양 형	병사 병	갈 지	다할 극	이를 지	어조사 어	없을 무	모양 형	없을 무	모양 형	곧 즉	깊을 심	사이 간

不	能	窺	智	者	不	能	謀
아닐 불	능할 능	엿볼 규	지혜 지	놈 자	아닐 불	능할 능	꾀 모

자유롭게 써보세요

因形而錯勝於衆 衆不能知 人皆知我所以勝
之形 而莫知吾所以制勝之形 故其戰勝不復
而應形於無窮

因	形	而	錯	勝	於	衆	衆	不	能	知	人	皆	知
인할 인	모양 형	말 이을 이	둘 조	이길 승	어조사 어	무리 중	무리 중	아닐 불	능할 능	알 지	사람 인	다 개	알 지

我	所	以	勝	之	形	而	莫	知	吾	所	以	制	勝
나 아	바 소	써 이	이길 승	갈 지	모양 형	말 이을 이	없을 막	알 지	나 오	바 소	써 이	절제할 제	이길 승

之	形	故	其	戰	勝	不	復	而	應	形	於	無	窮
갈 지	모양 형	연고 고	그 기	싸움 전	이길 승	아닐 불	회복할 복	말 이을 이	응할 응	모양 형	어조사 어	없을 무	다할 궁

자유롭게 써보세요

夫兵形象水 水之形 避高而趨下 兵之形 避實而擊虛 水因地而制流 兵因敵而制勝

夫	兵	形	象	水	水	之	形	避	高	而	趨	下	兵
지아비 부	병사 병	모양 형	코끼리 상	물 수	물 수	갈 지	모양 형	피할 피	높을 고	말 이을 이	달아날 추	아래 하	병사 병

之	形	避	實	而	擊	虛	水	因	地	而	制	流	兵
갈 지	모양 형	피할 피	열매 실	말 이을 이	칠 격	빌 허	물 수	인할 인	땅 지	말 이을 이	절제할 제	흐를 류	병사 병

因	敵	而	制	勝									
인할 인	대적할 적	말 이을 이	절제할 제	이길 승									

자유롭게 써보세요

故兵無常勢 水無常形 能因敵變化而取勝者
謂之神 故五行無常勝 四時無常位 日有短
長 月有死生

故	兵	無	常	勢	水	無	常	形	能	因	敵	變	化
연고 고	병사 병	없을 무	항상 상	형세 세	물 수	없을 무	항상 상	모양 형	능할 능	인할 인	대적할 적	변할 변	될 화

而	取	勝	者	謂	之	神	故	五	行	無	常	勝	四
말 이을 이	가질 취	이길 승	놈 자	이를 위	갈 지	귀신 신	연고 고	다섯 오	다닐 행	없을 무	항상 상	이길 승	넉 사

時	無	常	位	日	有	短	長	月	有	死	生		
때 시	없을 무	항상 상	자리 위	날 일	있을 유	짧을 단	길 장	달 월	있을 유	죽을 사	날 생		

자유롭게 써보세요

第七 軍爭篇

孫子曰 凡用兵之法 將受命於君 合軍聚衆
交和而舍 莫難於軍爭

孫	子	曰	凡	用	兵	之	法	將	受	命	於	君	合
손자 손	아들 자	가로 왈	무릇 범	쓸 용	병사 병	갈 지	법 법	장수 장	받을 수	목숨 명	어조사 어	임금 군	합할 합

軍	聚	衆	交	和	而	舍	莫	難	於	軍	爭		
군사 군	모을 취	무리 중	사귈 교	화할 화	말 이을 이	집 사	없을 막	어려울 난	어조사 어	군사 군	다툴 쟁		

자유롭게 써보세요

軍爭之難者 以迂爲直 以患爲利 故迂其途
而誘之以利 後人發 先人至 此知迂直之計
者也

軍	爭	之	難	者	以	迂	爲	直	以	患	爲	利	故
군사 군	다툴 쟁	갈 지	어려울 난	놈 자	써 이	에돌 우	할 위	곧을 직	써 이	근심 환	할 위	이로울 리	연고 고

迂	其	途	而	誘	之	以	利	後	人	發	先	人	至
에돌 우	그 기	길 도	말 이을 이	꾈 유	갈 지	써 이	이로울 리	뒤 후	사람 인	필 발	먼저 선	사람 인	이를 지

此	知	迂	直	之	計	者	也
이 차	알 지	에돌 우	곧을 직	갈 지	셀 계	놈 자	어조사 야

자유롭게 써보세요

故軍爭爲利 軍爭爲危 擧軍而爭利 則不及
委軍而爭利 則輜重捐

故	軍	爭	爲	利	軍	爭	爲	危	擧	軍	而	爭	利
연고 고	군사 군	다툴 쟁	할 위	이로울 리	군사 군	다툴 쟁	할 위	위태할 위	들 거	군사 군	말 이을 이	다툴 쟁	이로울 리

則	不	及	委	軍	而	爭	利	則	輜	重	捐		
곧 즉	아닐 불	미칠 급	맡길 위	군사 군	말 이을 이	다툴 쟁	이로울 리	곧 즉	짐수레 치	무거울 중	버릴 연		

자유롭게 써보세요

是故券甲而趨 日夜不處 倍道兼行 百里而
爭利 則擒三將軍 勁者先 疲者後 其法十一
而至

是	故	券	甲	而	趨	日	夜	不	處	倍	道	兼	行
이 시	연고 고	문서 권	갑옷 갑	말 이을 이	달아날 추	날 일	밤 야	아닐 불	곳 처	곱 배	길 도	겸할 겸	다닐 행

百	里	而	爭	利	則	擒	三	將	軍	勁	者	先	疲
일백 백	마을 리	말 이을 이	다툴 쟁	이로울 리	곧 즉	사로잡을 금	석 삼	장수 장	군사 군	굳셀 경	놈 자	먼저 선	피곤할 피

者	後	其	法	十	一	而	至
놈 자	뒤 후	그 기	법 법	열 십	한 일	말 이을 이	이를 지

자유롭게 써보세요

五十里而爭利 則蹶上將軍 其法半至 三十里而爭利 則三分之二至 是故軍無輜重則亡 無糧食則亡 無委積則亡

五	十	里	而	爭	利	則	蹶	上	將	軍	其	法	半
다섯 오	열 십	마을 리	말 이을 이	다툴 쟁	이로울 리	곧 즉	넘어질 궐	윗 상	장수 장	군사 군	그 기	법 법	반 반

至	三	十	里	而	爭	利	則	三	分	之	二	至	是
이를 지	석 삼	열 십	마을 리	말 이을 이	다툴 쟁	이로울 리	곧 즉	석 삼	나눌 분	갈 지	두 이	이를 지	이 시

故	軍	無	輜	重	則	亡	無	糧	食	則	亡	無	委
연고 고	군사 군	없을 무	짐수레 치	무거울 중	곧 즉	망할 망	없을 무	양식 양	밥 식	곧 즉	망할 망	없을 무	맡길 위

積	則	亡
쌓을 적	곧 즉	망할 망

자유롭게 써보세요

故不知諸侯之謀者 不能豫交 不知山林 險阻
沮澤之形者 不能行軍 不用鄕導者 不能得地
利 故兵以詐立 以利動 以分合爲變者也

故	不	知	諸	侯	之	謀	者	不	能	豫	交	不	知
연고 고	아닐 부	알 지	모두 제	제후 후	갈 지	꾀 모	놈 자	아닐 불	능할 능	미리 예	사귈 교	아닐 부	알 지

山	林	險	阻	沮	澤	之	形	者	不	能	行	軍	不
메 산	수풀 림	험할 험	막힐 조	막을 저	못 택	갈 지	모양 형	놈 자	아닐 불	능할 능	다닐 행	군사 군	아닐 불

用	鄕	導	者	不	能	得	地	利	故	兵	以	詐	立
쓸 용	시골 향	인도할 도	놈 자	아닐 불	능할 능	얻을 득	땅 지	이로울 리	연고 고	병사 병	써 이	속일 사	설 립

以	利	動	以	分	合	爲	變	者	也				
써 이	이로울 리	움직일 동	써 이	나눌 분	합할 합	할 위	변할 변	놈 자	어조사 야				

자유롭게 써보세요

故其疾如風 其徐如林 侵掠如火 不動如山
難知如陰 動如雷震 掠鄉分衆 廓地分利 懸
權而動 先知迂直之計者勝 此軍爭之法也

故	其	疾	如	風	其	徐	如	林	侵	掠	如	火	不
연고 고	그 기	병질	같을 여	바람 풍	그 기	천천히할 서	같을 여	수풀 림	침노할 침	노략질할 략	같을 여	불 화	아닐 부

動	如	山	難	知	如	陰	動	如	雷	震	掠	鄉	分
움직일 동	같을 여	메 산	어려울 난	알 지	같을 여	그늘 음	움직일 동	같을 여	우레 뇌	우레 진	노략질할 약	시골 향	나눌 분

衆	廓	地	分	利	懸	權	而	動	先	知	迂	直	之
무리 중	클 확	땅 지	나눌 분	이로울 리	달 현	권세 권	말 이을 이	움직일 동	먼저 선	알 지	에돌 우	곧을 직	갈 지

計	者	勝	此	軍	爭	之	法	也
셀 계	놈 자	이길 승	이 차	군사 군	다툴 쟁	갈 지	법 법	어조사 야

자유롭게 써보세요

軍政曰 言不相聞 故爲金鼓 視不相見 故爲
旌旗 夫金鼓旌旗者 所以一民之耳目也

軍	政	曰	言	不	相	聞	故	爲	金	鼓	視	不	相
군사 군	정사 정	가로 왈	말씀 언	아닐 불	서로 상	들을 문	연고 고	할 위	쇠 금	북 고	볼 시	아닐 불	서로 상

見	故	爲	旌	旗	夫	金	鼓	旌	旗	者	所	以	一
볼 견	연고 고	할 위	기 정	기 기	지아비 부	쇠 금	북 고	기 정	기 기	놈 자	바 소	써 이	한 일

民	之	耳	目	也
백성 민	갈 지	귀 이	눈 목	어조사 야

자유롭게 써보세요

民旣專一 則勇者不得獨進 怯者不得獨退
此用衆之法也 故夜戰多火鼓 晝戰多旌旗
所以變民之耳目也

民	旣	專	一	則	勇	者	不	得	獨	進	怯	者	不
백성 민	이미 기	오로지 전	한 일	곧 즉	날랠 용	놈 자	아닐 부	얻을 득	홀로 독	나아갈 진	겁낼 겁	놈 자	아닐 부

得	獨	退	此	用	衆	之	法	也	故	夜	戰	多	火
얻을 득	홀로 독	물러날 퇴	이 차	쓸 용	무리 중	갈 지	법 법	어조사 야	연고 고	밤 야	싸움 전	많을 다	불 화

鼓	晝	戰	多	旌	旗	所	以	變	民	之	耳	目	也
북 고	낮 주	싸움 전	많을 다	기 정	기 기	바 소	써 이	변할 변	백성 민	갈 지	귀 이	눈 목	어조사 야

자유롭게 써보세요

故三軍可奪氣 將軍可奪心 是故朝氣銳 晝氣惰 暮氣歸

故	三	軍	可	奪	氣	將	軍	可	奪	心	是	故	朝
연고 고	석 삼	군사 군	옳을 가	빼앗을 탈	기운 기	장수 장	군사 군	옳을 가	빼앗을 탈	마음 심	이 시	연고 고	아침 조

氣	銳	晝	氣	惰	暮	氣	歸
기운 기	날카로울 예	낮 주	기운 기	게으를 타	저물 모	기운 기	돌아갈 귀

자유롭게 써보세요

故善用兵者 避其銳氣 擊其惰歸 此治氣者也 以治待亂 以靜待譁 此治心者也

故	善	用	兵	者	避	其	銳	氣	擊	其	惰	歸	此
연고 고	착할 선	쓸 용	병사 병	놈 자	피할 피	그 기	날카로울 예	기운 기	칠 격	그 기	게으를 타	돌아갈 귀	이 차

治	氣	者	也	以	治	待	亂	以	靜	待	譁	此	治
다스릴 치	기운 기	놈 자	어조사 야	써 이	다스릴 치	기다릴 대	어지러울 란	써 이	고요할 정	기다릴 대	시끄러울 화	이 차	다스릴 치

心	者	也
마음 심	놈 자	어조사 야

자유롭게 써보세요

以近待遠 以佚待勞 以飽待飢 此治力者也
無邀正正之旗 勿擊堂堂之陣 此治變者也

以	近	待	遠	以	佚	待	勞	以	飽	待	飢	此	治
써 이	가까울 근	기다릴 대	멀 원	써 이	편안할 일	기다릴 대	일할 로	써 이	배부를 포	기다릴 대	주릴 기	이 차	다스릴 치

力	者	也	無	邀	正	正	之	旗	勿	擊	堂	堂	之
힘 력	놈 자	어조사 야	없을 무	맞을 요	바를 정	바를 정	갈 지	기 기	말 물	칠 격	집 당	집 당	갈 지

陣	此	治	變	者	也
진칠 진	이 차	다스릴 치	변할 변	놈 자	어조사 야

자유롭게 써보세요

故用兵之法 高陵勿向 背丘勿逆 佯北勿從
銳卒勿攻 餌兵勿食 歸師勿遏 圍師必闕 窮
寇勿迫 此用兵之法也

故	用	兵	之	法	高	陵	勿	向	背	丘	勿	逆	佯
연고 고	쓸 용	병사 병	갈 지	법 법	높을 고	언덕 릉	말 물	향할 향	등 배	언덕 구	말 물	거스릴 역	거짓 양

北	勿	從	銳	卒	勿	攻	餌	兵	勿	食	歸	師	勿
달아날 배	말 물	좇을 종	날카로울 예	마칠 졸	말 물	칠 공	미끼 이	병사 병	말 물	밥 식	돌아갈 귀	스승 사	말 물

遏	圍	師	必	闕	窮	寇	勿	迫	此	用	兵	之	法
막을 알	에워쌀 위	스승 사	반드시 필	대궐 궐	다할 궁	도적 구	말 물	핍박할 박	이 차	쓸 용	병사 병	갈 지	법 법

也													
어조사 야													

자유롭게 써보세요

第八 九變篇

孫子曰 凡用兵之法 將受命於君 合軍聚衆
圮地無舍 衢地合交 絶地無留 圍地則謀 死
地則戰

孫	子	曰	凡	用	兵	之	法	將	受	命	於	君	合
손자 손	아들 자	가로 왈	무릇 범	쓸 용	병사 병	갈 지	법 법	장수 장	받을 수	목숨 명	어조사 어	임금 군	합할 합

軍	聚	衆	圮	地	無	舍	衢	地	合	交	絶	地	無
군사 군	모을 취	무리 중	무너질 비	땅 지	없을 무	집 사	네거리 구	땅 지	합할 합	사귈 교	끊을 절	땅 지	없을 무

留	圍	地	則	謀	死	地	則	戰					
머무를 류	에워쌀 위	땅 지	곧 즉	꾀 모	죽을 사	땅 지	곧 즉	싸움 전					

자유롭게 써보세요

塗有所不由 軍有所不擊 城有所不攻 地有所不爭 君命有所不受

塗	有	所	不	由	軍	有	所	不	擊	城	有	所	不
길 도	있을 유	바 소	아닐 불	말미암을 유	군사 군	있을 유	바 소	아닐 불	칠 격	성 성	있을 유	바 소	아닐 불

攻	地	有	所	不	爭	君	命	有	所	不	受
칠 공	땅 지	있을 유	바 소	아닐 부	다툴 쟁	임금 군	목숨 명	있을 유	바 소	아닐 불	받을 수

자유롭게 써보세요

故將通於九變之利者 知用兵矣 將不通於九
變之利者 雖知地形 不能得地之利矣 治兵
不知九變之術 雖知五利 不能得人之用矣

故	將	通	於	九	變	之	利	者	知	用	兵	矣	將
연고 고	장수 장	통할 통	어조사 어	아홉 구	변할 변	갈 지	이로울 리	놈 자	알 지	쓸 용	병사 병	어조사 의	장수 장

不	通	於	九	變	之	利	者	雖	知	地	形	不	能
아닐 불	통할 통	어조사 어	아홉 구	변할 변	갈 지	이로울 리	놈 자	비록 수	알 지	땅 지	모양 형	아닐 불	능할 능

得	地	之	利	矣	治	兵	不	知	九	變	之	術	雖
얻을 득	땅 지	갈 지	이로울 리	어조사 의	다스릴 치	병사 병	아닐 부	알 지	아홉 구	변할 변	갈 지	재주 술	비록 수

知	五	利	不	能	得	人	之	用	矣
알 지	다섯 오	이로울 리	아닐 불	능할 능	얻을 득	사람 인	갈 지	쓸 용	어조사 의

자유롭게 써보세요

是故智者之慮 必雜於利害 雜於利 而務可信也 雜於害 而患可解也 是故屈諸侯者以害 役諸侯者以業 趨諸侯者以利

是	故	智	者	之	慮	必	雜	於	利	害	雜	於	利
이 시	연고 고	지혜 지	놈 자	갈 지	생각할 려	반드시 필	섞일 잡	어조사 어	이로울 리	해할 해	섞일 잡	어조사 어	이로울 리

而	務	可	信	也	雜	於	害	而	患	可	解	也	是
말 이을 이	힘쓸 무	옳을 가	믿을 신	어조사 야	섞일 잡	어조사 어	해할 해	말 이을 이	근심 환	옳을 가	풀 해	어조사 야	이 시

故	屈	諸	侯	者	以	害	役	諸	侯	者	以	業	趨
연고 고	굽힐 굴	모두 제	제후 후	놈 자	써 이	해할 해	부릴 역	모두 제	제후 후	놈 자	써 이	일 업	달아날 추

諸	侯	者	以	利
모두 제	제후 후	놈 자	써 이	이로울 리

자유롭게 써보세요

故用兵之法 無恃其不來 恃吾有以待也 無恃其不攻 恃吾有所不可攻也

故	用	兵	之	法	無	恃	其	不	來	恃	吾	有	以
연고 고	쓸 용	병사 병	갈 지	법 법	없을 무	믿을 시	그 기	아닐 불	올 래	믿을 시	나 오	있을 유	써 이

待	也	無	恃	其	不	攻	恃	吾	有	所	不	可	攻
기다릴 대	어조사 야	없을 무	믿을 시	그 기	아닐 불	칠 공	믿을 시	나 오	있을 유	바 소	아닐 불	옳을 가	칠 공

也													
어조사 야													

자유롭게 써보세요

故將有五危 必死可殺也 必生可虜也 忿速可侮也 廉潔可辱也 愛民可煩也

故	將	有	五	危	必	死	可	殺	也	必	生	可	虜
연고 고	장수 장	있을 유	다섯 오	위태할 위	반드시 필	죽을 사	옳을 가	죽일 살	어조사 야	반드시 필	날 생	옳을 가	사로잡을 로

也	忿	速	可	侮	也	廉	潔	可	辱	也	愛	民	可
어조사 야	성낼 분	빠를 속	옳을 가	업신여길 모	어조사 야	청렴할 염	깨끗할 결	옳을 가	욕될 욕	어조사 야	사랑 애	백성 민	옳을 가

煩	也
번거로울 번	어조사 야

자유롭게 써보세요

凡此五者 將之過也 用兵之災也 覆軍殺將
必以五危 不可不察也

凡	此	五	者	將	之	過	也	用	兵	之	災	也	覆
무릇 범	이 차	다섯 오	놈 자	장수 장	갈 지	지날 과	어조사 야	쓸 용	병사 병	갈 지	재앙 재	어조사 야	다시 복

軍	殺	將	必	以	五	危	不	可	不	察	也		
군사 군	죽일 살	장수 장	반드시 필	써 이	다섯 오	위태할 위	아닐 불	옳을 가	아닐 불	살필 찰	어조사 야		

자유롭게 써보세요

第九 行軍篇

孫子曰 凡處軍相敵 絶山依谷 視生處高 戰
隆無登 此處山之軍也

孫	子	曰	凡	處	軍	相	敵	絶	山	依	谷	視	生
손자 손	아들 자	가로 왈	무릇 범	곳 처	군사 군	서로 상	대적할 적	끊을 절	메 산	의지할 의	골 곡	볼 시	날 생

處	高	戰	隆	無	登	此	處	山	之	軍	也
곳 처	높을 고	싸움 전	높을 륭	없을 무	오를 등	이 차	곳 처	메 산	갈 지	군사 군	어조사 야

자유롭게 써보세요

絶水必遠水 客絶水而來 勿迎之於水內 令半濟而擊之 利 欲戰者 無附於水而迎客 視生處高 無迎水流 此處水上之軍也

絶	水	必	遠	水	客	絶	水	而	來	勿	迎	之	於
끊을 절	물 수	반드시 필	멀 원	물 수	손 객	끊을 절	물 수	말 이을 이	올 래	말 물	맞을 영	갈 지	어조사 어

水	內	令	半	濟	而	擊	之	利	欲	戰	者	無	附
물 수	안 내	하여금 영	반 반	건널 제	말 이을 이	칠 격	갈 지	이로울 리	하고자할 욕	싸움 전	놈 자	없을 무	붙을 부

於	水	而	迎	客	視	生	處	高	無	迎	水	流	此
어조사 어	물 수	말 이을 이	맞을 영	손 객	볼 시	날 생	곳 처	높을 고	없을 무	맞을 영	물 수	흐를 류	이 차

處	水	上	之	軍	也
곳 처	물 수	윗 상	갈 지	군사 군	어조사 야

자유롭게 써보세요

絶斥澤 惟亟去無留 若交軍於斥澤之中 必依水草 而背衆樹 此處斥澤之軍也

絶	斥	澤	惟	亟	去	無	留	若	交	軍	於	斥	澤
끊을 절	물리칠 척	못 택	생각할 유	빠를 극	갈 거	없을 무	머무를 류	같을 약	사귈 교	군사 군	어조사 어	물리칠 척	못 택

之	中	必	依	水	草	而	背	衆	樹	此	處	斥	澤
갈 지	가운데 중	반드시 필	의지할 의	물 수	풀 초	말 이을 이	등 배	무리 중	나무 수	이 차	곳 처	물리칠 척	못 택

之	軍	也
갈 지	군사 군	어조사 야

자유롭게 써보세요

平陸處易 而右背高 前死後生 此處平陸之
軍也 凡此四軍之利 黃帝之所以勝四帝也

平	陸	處	易	而	右	背	高	前	死	後	生	此	處
평평할 평	뭍 륙	곳 처	쉬울 이	말 이을 이	오른쪽 우	등 배	높을 고	앞 전	죽을 사	뒤 후	날 생	이 차	곳 처

平	陸	之	軍	也	凡	此	四	軍	之	利	黃	帝	之
평평할 평	뭍 륙	갈 지	군사 군	어조사 야	무릇 범	이 차	넉 사	군사 군	갈 지	이로울 리	누를 황	임금 제	갈 지

所	以	勝	四	帝	也
바 소	써 이	이길 승	넉 사	임금 제	어조사 야

자유롭게 써보세요

凡軍好高而惡下 貴陽而賤陰 養生而處實 軍無百疾 是謂必勝

凡	軍	好	高	而	惡	下	貴	陽	而	賤	陰	養	生
무릇 범	군사 군	좋을 호	높을 고	말 이을 이	미워할 오	아래 하	귀할 귀	볕 양	말 이을 이	천할 천	그늘 음	기를 양	날 생

而	處	實	軍	無	百	疾	是	謂	必	勝			
말 이을 이	곳 처	열매 실	군사 군	없을 무	일백 백	병 질	이 시	이를 위	반드시 필	이길 승			

자유롭게 써보세요

丘陵堤防 必處其陽 而右背之 此兵之利 地之助也 上雨 水沫至 欲涉者 待其定也

丘	陵	堤	防	必	處	其	陽	而	右	背	之	此	兵
언덕 구	언덕 릉	둑 제	막을 방	반드시 필	곳 처	그 기	볕 양	말 이을 이	오른쪽 우	등 배	갈 지	이 차	병사 병

之	利	地	之	助	也	上	雨	水	沫	至	欲	涉	者
갈 지	이로울 리	땅 지	갈 지	도울 조	어조사 야	윗 상	비 우	물 수	물거품 말	이를 지	하고자할 욕	건널 섭	놈 자

待	其	定	也
기다릴 대	그 기	정할 정	어조사 야

자유롭게 써보세요

凡地有絶澗 天井 天牢 天羅 天陷 天隙 必亟去之 勿近也 吾遠之 敵近之 吾迎之 敵背之

凡	地	有	絶	澗	天	井	天	牢	天	羅	天	陷	天
무릇 범	땅 지	있을 유	끊을 절	산골물 간	하늘 천	우물 정	하늘 천	우리 뢰	하늘 천	벌일 라	하늘 천	빠질 함	하늘 천

隙	必	亟	去	之	勿	近	也	吾	遠	之	敵	近	之
틈 극	반드시 필	빠를 극	갈 거	갈 지	말 물	가까울 근	어조사 야	나 오	멀 원	갈 지	대적할 적	가까울 근	갈 지

吾	迎	之	敵	背	之								
나 오	맞을 영	갈 지	대적할 적	등 배	갈 지								

자유롭게 써보세요

軍旁有 險阻 潢井 葭葦 林木 蘙薈者 必謹覆索之 此伏姦之所處也 敵近而靜者 恃其險也 遠而挑戰者 欲人之進也 其所居易者 利也

軍	旁	有	險	阻	潢	井	葭	葦	林	木	蘙	薈	者
군사 군	곁 방	있을 유	험할 험	막힐 조	웅덩이 황	우물 정	갈대 가	갈대 위	수풀 임	나무 목	무성한 모양 예	무성할 회	놈 자

必	謹	覆	索	之	此	伏	姦	之	所	處	也	敵	近
반드시 필	삼갈 근	다시 복	찾을 색	갈 지	이 차	엎드릴 복	간음할 간	갈 지	바 소	곳 처	어조사 야	대적할 적	가까울 근

而	靜	者	恃	其	險	也	遠	而	挑	戰	者	欲	人
말 이을 이	고요할 정	놈 자	믿을 시	그 기	험할 험	어조사 야	멀 원	말 이을 이	돋울 도	싸움 전	놈 자	하고자할 욕	사람 인

之	進	也	其	所	居	易	者	利	也
갈 지	나아갈 진	어조사 야	그 기	바 소	살 거	쉬울 이	놈 자	이로울 이	어조사 야

자유롭게 써보세요

衆樹動者 來也 衆草多障者 疑也 鳥起者 伏也
獸駭者 覆也 塵高而銳者 車來也 卑而廣者 徒
來也 散而條達者 樵採也 少而往來者 營軍也

衆	樹	動	者	來	也	衆	草	多	障	者	疑	也	鳥
무리 중	나무 수	움직일 동	놈 자	올 내	어조사 야	무리 중	풀 초	많을 다	막을 장	놈 자	의심할 의	어조사 야	새 조

起	者	伏	也	獸	駭	者	覆	也	塵	高	而	銳	者
일어날 기	놈 자	엎드릴 복	어조사 야	짐승 수	놀랄 해	놈 자	다시 복	어조사 야	티끌 진	높을 고	말 이을 이	날카로울 예	놈 자

車	來	也	卑	而	廣	者	徒	來	也	散	而	條	達
수레 차	올 래	어조사 야	낮을 비	말 이을 이	넓을 광	놈 자	무리 도	올 래	어조사 야	흩을 산	말 이을 이	가지 조	통달할 달

者	樵	採	也	少	而	往	來	者	營	軍	也		
놈 자	나무할 초	캘 채	어조사 야	적을 소	말 이을 이	갈 왕	올 래	놈 자	경영할 영	군사 군	어조사 야		

자유롭게 써보세요

辭卑而益備者 進也 辭強而進驅者 退也 輕車先出其側者 陣也 無約而請和者 謀也 奔走而陳兵車者 期也 半進半退者 誘也

辭	卑	而	益	備	者	進	也	辭	強	而	進	驅	者
말씀 사	낮을 비	말 이을 이	더할 익	갖출 비	놈 자	나아갈 진	어조사 야	말씀 사	강할 강	말 이을 이	나아갈 진	몰 구	놈 자

退	也	輕	車	先	出	其	側	者	陣	也	無	約	而
물러날 퇴	어조사 야	가벼울 경	수레 차	먼저 선	날 출	그 기	곁 측	놈 자	진칠 진	어조사 야	없을 무	맺을 약	말 이을 이

請	和	者	謀	也	奔	走	而	陳	兵	車	者	期	也
청할 청	화할 화	놈 자	꾀 모	어조사 야	달릴 분	달릴 주	말 이을 이	베풀 진	병사 병	수레 차	놈 자	기약할 기	어조사 야

半	進	半	退	者	誘	也							
반 반	나아갈 진	반 반	물러날 퇴	놈 자	꾈 유	어조사 야							

자유롭게 써보세요

仗而立者 飢也 汲而先飮者 渴也 見利而不進者 勞也 鳥集者 虛也 夜呼者 恐也

仗	而	立	者	飢	也	汲	而	先	飮	者	渴	也	見
의장 장	말 이을 이	설 립	놈 자	주릴 기	어조사 야	길을 급	말 이을 이	먼저 선	마실 음	놈 자	목마를 갈	어조사 야	볼 견

利	而	不	進	者	勞	也	鳥	集	者	虛	也	夜	呼
이로울 리	말 이을 이	아닐 부	나아갈 진	놈 자	일할 노	어조사 야	새 조	모을 집	놈 자	빌 허	어조사 야	밤 야	부를 호

者	恐	也
놈 자	두려울 공	어조사 야

자유롭게 써보세요

軍擾者 將不重也 旌旗動者 亂也 吏怒者 倦也 粟殺馬肉食 軍無糧也 軍無懸瓿 不返其舍者 窮寇也 諄諄翕翕 徐與人言者 失衆也

軍	擾	者	將	不	重	也	旌	旗	動	者	亂	也	吏
군사 군	시끄러울 요	놈 자	장수 장	아닐 부	무거울 중	어조사 야	기 정	기 기	움직일 동	놈 자	어지러울 난	어조사 야	벼슬아치 이

怒	者	倦	也	粟	殺	馬	肉	食	軍	無	糧	也	軍
성낼 노	놈 자	게으를 권	어조사 야	조 속	죽일 살	말 마	고기 육	밥 식	군사 군	없을 무	양식 양	어조사 야	군사 군

無	懸	瓿	不	返	其	舍	者	窮	寇	也	諄	諄	翕
없을 무	달 현	질장군 부	아닐 불	돌이킬 반	그 기	집 사	놈 자	다할 궁	도적 구	어조사 야	타이를 순	타이를 순	합할 흡

翕	徐	與	人	言	者	失	衆	也					
합할 흡	천천히 할 서	더불 여	사람 인	말씀 언	놈 자	잃을 실	무리 중	어조사 야					

자유롭게 써보세요

數賞者 窘也 數罰者 困也 先暴而後畏其衆者 不精之至也 來委謝者 欲休息也

數	賞	者	窘	也	數	罰	者	困	也	先	暴	而	後
자주 삭	상줄 상	놈 자	군색할 군	어조사 야	자주 삭	벌할 벌	놈 자	곤할 곤	어조사 야	먼저 선	사나울 포	말 이을 이	뒤 후

畏	其	衆	者	不	精	之	至	也	來	委	謝	者	欲
두려워할 외	그 기	무리 중	놈 자	아닐 부	정할 정	갈 지	이를 지	어조사 야	올 내	맡길 위	사례할 사	놈 자	하고자할 욕

休	息	也
쉴 휴	쉴 식	어조사 야

자유롭게 써보세요

兵怒而相迎 久而不合 又不相去 必謹察之
兵非益多也 惟無武進 足以併力料敵 取人
而已 夫惟無慮而易敵者 必擒於人

兵	怒	而	相	迎	久	而	不	合	又	不	相	去	必
병사 병	성낼 노	말 이을 이	서로 상	맞을 영	오랠 구	말 이을 이	아닐 불	합할 합	또 우	아닐 불	서로 상	갈 거	반드시 필

謹	察	之	兵	非	益	多	也	惟	無	武	進	足	以
삼갈 근	살필 찰	갈 지	병사 병	아닐 비	더할 익	많을 다	어조사 야	생각할 유	없을 무	호반 무	나아갈 진	발 족	써 이

併	力	料	敵	取	人	而	已	夫	惟	無	慮	而	易
아우를 병	힘 력	헤아릴 료	대적할 적	가질 취	사람 인	말 이을 이	이미 이	지아비 부	생각할 유	없을 무	생각할 려	말 이을 이	쉬울 이

敵	者	必	擒	於	人								
대적할 적	놈 자	반드시 필	사로잡을 금	어조사 어	사람 인								

자유롭게 써보세요

卒未親附而罰之 則不服 不服則難用也 卒
已親附而罰不行 則不可用也

卒	未	親	附	而	罰	之	則	不	服	不	服	則	難
마칠 졸	아닐 미	친할 친	붙을 부	말 이을 이	벌할 벌	갈 지	곧 즉	아닐 불	옷 복	아닐 불	옷 복	곧 즉	어려울 난

用	也	卒	已	親	附	而	罰	不	行	則	不	可	用
쓸 용	어조사 야	마칠 졸	이미 이	친할 친	붙을 부	말 이을 이	벌할 벌	아닐 불	다닐 행	곧 즉	아닐 불	옳을 가	쓸 용

也													
어조사 야													

자유롭게 써보세요

故令之以文 齊之以武 是謂必取 令素行以教其民 則民服 令不素行以教其民 則民不服 令素行者 與衆相得也

故	令	之	以	文	齊	之	以	武	是	謂	必	取	令
연고 고	하여금 령	갈 지	써 이	글월 문	가지런할 제	갈 지	써 이	호반 무	이 시	이를 위	반드시 필	가질 취	하여금 영

素	行	以	敎	其	民	則	民	服	令	不	素	行	以
본디 소	다닐 행	써 이	가르칠 교	그 기	백성 민	곧 즉	백성 민	옷 복	하여금 영	아닐 불	본디 소	다닐 행	써 이

敎	其	民	則	民	不	服	令	素	行	者	與	衆	相
가르칠 교	그 기	백성 민	곧 즉	백성 민	아닐 불	옷 복	하여금 영	본디 소	다닐 행	놈 자	더불 여	무리 중	서로 상

得	也												
얻을 득	어조사 야												

자유롭게 써보세요

第十 地形篇

> 孫子曰 地形有通者 有挂者 有支者 有隘者
> 有險者 有遠者 我可以往 彼可以來 曰通 通
> 形者 先居高陽 利糧道以戰 則利

孫	子	曰	地	形	有	通	者	有	挂	者	有	支	者
손자 손	아들 자	가로 왈	땅 지	모양 형	있을 유	통할 통	놈 자	있을 유	걸 괘	놈 자	있을 유	지탱할 지	놈 자

有	隘	者	有	險	者	有	遠	者	我	可	以	往	彼
있을 유	좁을 애	놈 자	있을 유	험할 험	놈 자	있을 유	멀 원	놈 자	나 아	옳을 가	써 이	갈 왕	저 피

可	以	來	曰	通	通	形	者	先	居	高	陽	利	糧
옳을 가	써 이	올 래	가로 왈	통할 통	통할 통	모양 형	놈 자	먼저 선	살 거	높을 고	볕 양	이로울 이	양식 량

道	以	戰	則	利
길 도	써 이	싸움 전	곧 즉	이로울 리

자유롭게 써보세요

可以往 難以返 曰掛 掛形者 敵無備 出而勝之 敵若有備 出而不勝 難以返 不利

可	以	往	難	以	返	曰	掛	掛	形	者	敵	無	備
옳을 가	써 이	갈 왕	어려울 난	써 이	돌이킬 반	가로 왈	걸 괘	걸 괘	모양 형	놈 자	대적할 적	없을 무	갖출 비

出	而	勝	之	敵	若	有	備	出	而	不	勝	難	以
날 출	말 이을 이	이길 승	갈 지	대적할 적	같을 약	있을 유	갖출 비	날 출	말 이을 이	아닐 불	이길 승	어려울 난	써 이

返	不	利
돌이킬 반	아닐 불	이로울 리

자유롭게 써보세요

我出而不利 彼出而不利 曰支 支形者 敵雖利
我 我無出也 引而去之 令敵半出而擊之 利

我	出	而	不	利	彼	出	而	不	利	曰	支	支	形
나 아	날 출	말 이을 이	아닐 불	이로울 리	저 피	날 출	말 이을 이	아닐 불	이로울 리	가로 왈	지탱할 지	지탱할 지	모양 형

者	敵	雖	利	我	我	無	出	也	引	而	去	之	令
놈 자	대적할 적	비록 수	이로울 리	나 아	나 아	없을 무	날 출	어조사 야	끌 인	말 이을 이	갈 거	갈 지	하여금 영

敵	半	出	而	擊	之	利
대적할 적	반 반	날 출	말 이을 이	칠 격	갈 지	이로울 리

자유롭게 써보세요

隘形者 我先居之 必盈之以待敵 若敵先居之
盈而勿從 不盈而從之 險形者 我先居之 必
居高陽以待敵 若敵先居之 引而去之 勿從也

隘	形	者	我	先	居	之	必	盈	之	以	待	敵	若
좁을 애	모양 형	놈 자	나 아	먼저 선	살 거	갈 지	반드시 필	찰 영	갈 지	써 이	기다릴 대	대적할 적	같을 약

敵	先	居	之	盈	而	勿	從	不	盈	而	從	之	險
대적할 적	먼저 선	살 거	갈 지	찰 영	말 이을 이	말 물	좇을 종	아닐 불	찰 영	말 이을 이	좇을 종	갈 지	험할 험

形	者	我	先	居	之	必	居	高	陽	以	待	敵	若
모양 형	놈 자	나 아	먼저 선	살 거	갈 지	반드시 필	살 거	높을 고	볕 양	써 이	기다릴 대	대적할 적	같을 약

敵	先	居	之	引	而	去	之	勿	從	也
대적할 적	먼저 선	살 거	갈 지	끌 인	말 이을 이	갈 거	갈 지	말 물	좇을 종	어조사 야

자유롭게 써보세요

遠形者 勢均 難以挑戰 戰而不利 凡此六者
地之道也 將之至任 不可不察也

遠	形	者	勢	均	難	以	挑	戰	戰	而	不	利	凡
멀 원	모양 형	놈 자	형세 세	고를 균	어려울 난	써 이	도울 도	싸움 전	싸움 전	말 이을 이	아닐 불	이로울 리	무릇 범

此	六	者	地	之	道	也	將	之	至	任	不	可	不
이 차	여섯 륙	놈 자	땅 지	갈 지	길 도	어조사 야	장수 장	갈 지	이를 지	맡길 임	아닐 불	옳을 가	아닐 불

察	也
살필 찰	어조사 야

자유롭게 써보세요

故兵有走者 有弛者 有陷者 有崩者 有亂者,
有北者 凡此六者 非天之災 將之過也 夫勢均
以一擊十曰走 卒强吏弱曰弛 吏强卒弱曰陷

故	兵	有	走	者	有	弛	者	有	陷	者	有	崩	者
연고 고	병사 병	있을 유	달릴 주	놈 자	있을 유	늦출 이	놈 자	있을 유	빠질 함	놈 자	있을 유	무너질 붕	놈 자

有	亂	者	有	北	者	凡	此	六	者	非	天	之	災
있을 유	어지러울 란	놈 자	있을 유	달아날 배	놈 자	무릇 범	이 차	여섯 륙	놈 자	아닐 비	하늘 천	땅 지	재앙 재

將	之	過	也	夫	勢	均	以	一	擊	十	曰	走	卒
장수 장	갈 지	지날 과	어조사 야	지아비 부	형세 세	고를 균	써 이	한 일	칠 격	열 십	가로 왈	달릴 주	마칠 졸

强	吏	弱	曰	弛	吏	强	卒	弱	曰	陷
강할 강	벼슬아치 리	약할 약	가로 왈	늦출 이	벼슬아치 이	강할 강	마칠 졸	약할 약	가로 왈	빠질 함

자유롭게 써보세요

大吏怒而不服 遇敵懟而自戰 將不知其能曰崩 將弱不嚴 教道不明 吏卒無常 陳兵縱橫曰亂

大	吏	怒	而	不	服	遇	敵	懟	而	自	戰	將	不
클 대	벼슬아치 리	성낼 노	말 이을 이	아닐 불	옷 복	만날 우	대적할 적	원망할 대	말 이을 이	스스로 자	싸움 전	장수 장	아닐 부

知	其	能	曰	崩	將	弱	不	嚴	敎	道	不	明	吏
알 지	그 기	능할 능	가로 왈	무너질 붕	장수 장	약할 약	아닐 불	엄할 엄	가르칠 교	길 도	아닐 불	밝을 명	벼슬아치 이

卒	無	常	陳	兵	縱	橫	曰	亂
마칠 졸	없을 무	떳떳할 상	베풀 진	병사 병	세로 종	가로 횡	가로 왈	어지러울 란

자유롭게 써보세요

將不能料敵 以少合衆 以弱擊强 兵無選鋒 曰北 凡此六者 敗之道也 將之至任 不可不察也

將	不	能	料	敵	以	少	合	衆	以	弱	擊	强	兵
장수 장	아닐 불	능할 능	헤아릴 료	대적할 적	써 이	적을 소	합할 합	무리 중	써 이	약할 약	칠 격	강할 강	병사 병

無	選	鋒	曰	北	凡	此	六	者	敗	之	道	也	將
없을 무	가릴 선	칼날 봉	가로 왈	달아날 배	무릇 범	이 차	여섯 륙	놈 자	패할 패	갈 지	길 도	어조사 야	장수 장

之	至	任	不	可	不	察	也
갈 지	이를 지	맡길 임	아닐 불	옳을 가	아닐 불	살필 찰	어조사 야

자유롭게 써보세요

夫地形者 兵之助也 料敵制勝 計險厄遠近
上將之道也 知此而用戰者必勝 不知此而用
戰者必敗

夫	地	形	者	兵	之	助	也	料	敵	制	勝	計	險
지아비 부	땅 지	모양 형	놈 자	병사 병	갈 지	도울 조	어조사 야	헤아릴 요	대적할 적	절제할 제	이길 승	셀 계	험할 험

厄	遠	近	上	將	之	道	也	知	此	而	用	戰	者
액 액	멀 원	가까울 근	윗 상	장수 장	갈 지	길 도	어조사 야	알 지	이 차	말 이을 이	쓸 용	싸움 전	놈 자

必	勝	不	知	此	而	用	戰	者	必	敗
반드시 필	이길 승	아닐 부	알 지	이 차	말 이을 이	쓸 용	싸움 전	놈 자	반드시 필	패할 패

자유롭게 써보세요

故戰道必勝 主曰無戰 必戰可也 戰道不勝
主曰必戰 無戰可也 故進不求名 退不避罪
唯民是保 而利合於主 國之寶也

故	戰	道	必	勝	主	曰	無	戰	必	戰	可	也	戰
연고 고	싸움 전	길 도	반드시 필	이길 승	임금 주	가로 왈	없을 무	싸움 전	반드시 필	싸움 전	옳을 가	어조사 야	싸움 전

道	不	勝	主	曰	必	戰	無	戰	可	也	故	進	不
길 도	아닐 불	이길 승	임금 주	가로 왈	반드시 필	싸움 전	없을 무	싸움 전	옳을 가	어조사 야	연고 고	나아갈 진	아닐 불

求	名	退	不	避	罪	唯	民	是	保	而	利	合	於
구할 구	이름 명	물러날 퇴	아닐 불	피할 피	허물 죄	오직 유	백성 민	이 시	지킬 보	말 이을 이	이로울 리	합할 합	어조사 어

主	國	之	寶	也
임금 주	나라 국	갈 지	보배 보	어조사 야

자유롭게 써보세요

視卒如嬰兒 故可與之赴深溪 視卒如愛子 故可與之俱死 厚而不能使 愛而不能令 亂而不能治 譬如驕子 不可用也

視	卒	如	嬰	兒	故	可	與	之	赴	深	溪	視	卒
볼 시	마칠 졸	같을 여	어린아이 영	아이 아	연고 고	옳을 가	더불 여	갈 지	다다를 부	깊을 심	시내 계	볼 시	마칠 졸

如	愛	子	故	可	與	之	俱	死	厚	而	不	能	使
같을 여	사랑 애	아들 자	연고 고	옳을 가	더불 여	갈 지	함께 구	죽을 사	두터울 후	말 이을 이	아닐 불	능할 능	하여금 사

愛	而	不	能	令	亂	而	不	能	治	譬	如	驕	子
사랑 애	말 이을 이	아닐 불	능할 능	하여금 령	어지러울 난	말 이을 이	아닐 불	능할 능	다스릴 치	비유할 비	같을 여	교만할 교	아들 자

不	可	用	也										
아닐 불	옳을 가	쓸 용	어조사 야										

자유롭게 써보세요

知吾卒之可以擊 而不知敵之不可擊 勝之半也 知敵之可擊 而不知吾卒之不可以擊 勝之半也

知	吾	卒	之	可	以	擊	而	不	知	敵	之	不	可
알 지	나 오	마칠 졸	갈 지	옳을 가	써 이	칠 격	말 이을 이	아닐 부	알 지	대적할 적	갈 지	아닐 불	옳을 가

擊	勝	之	半	也	知	敵	之	可	擊	而	不	知	吾
칠 격	이길 승	갈 지	반 반	어조사 야	알 지	대적할 적	갈 지	옳을 가	칠 격	말 이을 이	아닐 부	알 지	나 오

卒	之	不	可	以	擊	勝	之	半	也				
마칠 졸	갈 지	아닐 부	옳을 가	써 이	칠 격	이길 승	갈 지	반 반	어조사 야				

자유롭게 써보세요

知敵之可擊 知吾卒之可以擊 而不知地形之不可以戰 勝之半也 故知兵者 動而不迷 擧而不窮 故曰 知彼知己 勝乃不殆 知地知天 勝乃可全

知	敵	之	可	擊	知	吾	卒	之	可	以	擊	而	不
알 지	대적할 적	갈 지	옳을 가	칠 격	알 지	나 오	마칠 졸	갈 지	옳을 가	써 이	칠 격	말 이을 이	아닐 부

知	地	形	之	不	可	以	戰	勝	之	半	也	故	知
알 지	땅 지	모양 형	갈 지	아닐 불	옳을 가	써 이	싸움 전	이길 승	갈 지	반 반	어조사 야	연고 고	알 지

兵	者	動	而	不	迷	擧	而	不	窮	故	曰	知	彼
병사 병	놈 자	움직일 동	말 이을 이	아닐 불	미혹할 미	들 거	말 이을 이	아닐 불	다할 궁	연고 고	가로 왈	알 지	저 피

知	己	勝	乃	不	殆	知	地	知	天	勝	乃	可	全
알 지	몸 기	이길 승	이에 내	아닐 불	위태할 태	알 지	땅 지	알 지	하늘 천	이길 승	이에 내	옳을 가	온전할 전

자유롭게 써보세요

第十一 九地篇

孫子曰 用兵之法 有散地 有輕地 有爭地 有交地 有衢地 有重地 有圮地 有圍地 有死地 諸侯自戰其地 爲散地 入人之地不深者 爲輕地 我得則利 彼得亦利者 爲爭地

孫	子	曰	用	兵	之	法	有	散	地	有	輕	地	有
손자 손	아들 자	가로 왈	쓸 용	병사 병	갈 지	법 법	있을 유	흩을 산	땅 지	있을 유	가벼울 경	땅 지	있을 유

爭	地	有	交	地	有	衢	地	有	重	地	有	圮	地
다툴 쟁	땅 지	있을 유	사귈 교	땅 지	있을 유	네거리 구	땅 지	있을 유	무거울 중	땅 지	있을 유	무너질 비	땅 지

有	圍	地	有	死	地	諸	侯	自	戰	其	地	爲	散
있을 유	에워쌀 위	땅 지	있을 유	죽을 사	땅 지	모두 제	제후 후	스스로 자	싸움 전	그 기	땅 지	할 위	흩을 산

地	入	人	之	地	不	深	者	爲	輕	地	我	得	則
땅 지	들 입	사람 인	갈 지	땅 지	아닐 불	깊을 심	놈 자	할 위	가벼울 경	땅 지	나 아	얻을 득	곧 즉

利	彼	得	亦	利	者	爲	爭	地					
이로울 리	저 피	얻을 득	또 역	이로울 리	놈 자	할 위	다툴 쟁	땅 지					

자유롭게 써보세요

我可以往 彼可以來者 爲交地 諸侯之地三
屬 先至而得天下衆者 爲衢地 入人之地深
背城邑多者 爲重地 山林險阻沮澤 凡難行
之道者 爲圮地

我	可	以	往	彼	可	以	來	者	爲	交	地	諸	侯
나 아	옳을 가	써 이	갈 왕	저 피	옳을 가	써 이	올 래	놈 자	할 위	사귈 교	땅 지	모두 제	제후 후

之	地	三	屬	先	至	而	得	天	下	衆	者	爲	衢
갈 지	땅 지	석 삼	무리 속	먼저 선	이를 지	말 이을 이	얻을 득	하늘 천	아래 하	무리 중	놈 자	할 위	네거리 구

地	入	人	之	地	深	背	城	邑	多	者	爲	重	地
땅 지	들 입	사람 인	갈 지	땅 지	깊을 심	등 배	성 성	고을 읍	많을 다	놈 자	할 위	무거울 중	땅 지

山	林	險	阻	沮	澤	凡	難	行	之	道	者	爲	圮
메 산	수풀 림	험할 험	막힐 조	막을 저	못 택	무릇 범	어려울 난	다닐 행	갈 지	길 도	놈 자	할 위	무너질 비

地													
땅 지													

자유롭게 써보세요

所由入者隘 所從歸者迂 彼寡可以擊吾之衆者 爲圍地 疾戰則存 不疾戰則亡者 爲死地

所	由	入	者	隘	所	從	歸	者	迂	彼	寡	可	以
바 소	말미암을 유	들 입	놈 자	좁을 애	바 소	좇을 종	돌아갈 귀	놈 자	에돌 우	저 피	적을 과	옳을 가	써 이

擊	吾	之	衆	者	爲	圍	地	疾	戰	則	存	不	疾
칠 격	나 오	갈 지	무리 중	놈 자	할 위	에워쌀 위	땅 지	병 질	싸움 전	곧 즉	있을 존	아닐 부	병 질

戰	則	亡	者	爲	死	地
싸움 전	곧 즉	망할 망	놈 자	할 위	죽을 사	땅 지

자유롭게 써보세요

是故散地則無戰 輕地則無止 爭地則無攻
交地則無絕 衢地則合交 重地則掠 圮地則
行 圍地則謀 死地則戰

是	故	散	地	則	無	戰	輕	地	則	無	止	爭	地
이 시	연고 고	흩을 산	땅 지	곧 즉	없을 무	싸움 전	가벼울 경	땅 지	곧 즉	없을 무	그칠 지	다툴 쟁	땅 지

則	無	攻	交	地	則	無	絕	衢	地	則	合	交	重
곧 즉	없을 무	칠 공	사귈 교	땅 지	곧 즉	없을 무	끊을 절	네거리 구	땅 지	곧 즉	합할 합	사귈 교	무거울 중

地	則	掠	圮	地	則	行	圍	地	則	謀	死	地	則
땅 지	곧 즉	노략질할 락	무너질 비	땅 지	곧 즉	다닐 행	에워쌀 위	땅 지	곧 즉	꾀 모	죽을 사	땅 지	곧 즉

戰
싸움 전

자유롭게 써보세요

所謂古之善用兵者 能使敵人前後不相及 衆寡不相恃 貴賤不相救 上下不相收 卒離而不集 兵合而不齊 合於利而動 不合於利而止

所	謂	古	之	善	用	兵	者	能	使	敵	人	前	後
바 소	이를 위	옛 고	갈 지	착할 선	쓸 용	병사 병	놈 자	능할 능	하여금 사	대적할 적	사람 인	앞 전	뒤 후

不	相	及	衆	寡	不	相	恃	貴	賤	不	相	救	上
아닐 불	서로 상	미칠 급	무리 중	적을 과	아닐 불	서로 상	믿을 시	귀할 귀	천할 천	아닐 불	서로 상	구원할 구	윗 상

下	不	相	收	卒	離	而	不	集	兵	合	而	不	齊
아래 하	아닐 불	서로 상	거둘 수	마칠 졸	떠날 리	말 이을 이	아닐 부	모을 집	병사 병	합할 합	말 이을 이	아닐 부	가지런할 제

合	於	利	而	動	不	合	於	利	而	止			
합할 합	어조사 어	이로울 리	말 이을 이	움직일 동	아닐 불	합할 합	어조사 어	이로울 리	말 이을 이	그칠 지			

자유롭게 써보세요

敢問 敵衆整而將來 待之若何? 曰 先奪其所愛 則聽矣 兵之情主速 乘人之不及 由不虞之道 攻其所不戒也

敢	問	敵	衆	整	而	將	來	待	之	若	何	曰	先
감히 감	물을 문	대적할 적	무리 중	가지런할 정	말 이을 이	장수 장	올 래	기다릴 대	갈 지	같을 약	어찌 하	가로 왈	먼저 선

奪	其	所	愛	則	聽	矣	兵	之	情	主	速	乘	人
빼앗을 탈	그 기	바 소	사랑 애	곧 즉	들을 청	어조사 의	병사 병	갈 지	뜻 정	임금 주	빠를 속	탈 승	사람 인

之	不	及	由	不	虞	之	道	攻	其	所	不	戒	也
갈 지	아닐 불	미칠 급	말미암을 유	아닐 불	염려할 우	갈 지	길 도	칠 공	그 기	바 소	아닐 불	경계할 계	어조사 야

자유롭게 써보세요

凡爲客之道 深入則專 主人不克 掠於饒野
三軍足食 謹養而勿勞 倂氣積力 運兵計謀
爲不可測 投之無所往 死且不北

凡	爲	客	之	道	深	入	則	專	主	人	不	克	掠
무릇 범	할 위	손 객	갈 지	길 도	깊을 심	들 입	곧 즉	오로지 전	임금 주	사람 인	아닐 불	이길 극	노략질할 약

於	饒	野	三	軍	足	食	謹	養	而	勿	勞	倂	氣
어조사 어	넉넉할 요	들 야	석 삼	군사 군	발 족	밥 식	삼갈 근	기를 양	말 이을 이	말 물	일할 노	아우를 병	기운 기

積	力	運	兵	計	謀	爲	不	可	測	投	之	無	所
쌓을 적	힘 력	옮길 운	병사 병	셀 계	꾀 모	할 위	아닐 부	옳을 가	헤아릴 측	던질 투	갈 지	없을 무	바 소

往	死	且	不	北
갈 왕	죽을 사	또 차	아닐 불	달아날 배

자유롭게 써보세요

死焉不得 士人盡力 兵士甚陷則不懼 無所往則固 深入則拘 不得已則鬪

死	焉	不	得	士	人	盡	力	兵	士	甚	陷	則	不
죽을 사	어찌 언	아닐 부	얻을 득	선비 사	사람 인	다할 진	힘 력	병사 병	선비 사	심할 심	빠질 함	곧 즉	아닐 불

懼	無	所	往	則	固	深	入	則	拘	不	得	已	則
두려워할 구	없을 무	바 소	갈 왕	곧 즉	굳을 고	깊을 심	들 입	곧 즉	잡을 구	아닐 부	얻을 득	이미 이	곧 즉

鬪
싸울 투

자유롭게 써보세요

是故其兵不修而戒 不求而得 不約而親 不令而信 禁祥去疑 至死無所之

是	故	其	兵	不	修	而	戒	不	求	而	得	不	約
이 시	연고 고	그 기	병사 병	아닐 불	닦을 수	말 이을 이	경계할 계	아닐 불	구할 구	말 이을 이	얻을 득	아닐 불	맺을 약

而	親	不	令	而	信	禁	祥	去	疑	至	死	無	所
말 이을 이	친할 친	아닐 불	하여금 령	말 이을 이	믿을 신	금할 금	상서 상	갈 거	의심할 의	이를 지	죽을 사	없을 무	바 소

之
갈 지

자유롭게 써보세요

吾士無餘財 非惡貨也 無餘命 非惡壽也 令發之日 士卒坐者涕霑襟 偃臥者淚交頤 投之無所往者 諸劌之勇也

吾	士	無	餘	財	非	惡	貨	也	無	餘	命	非	惡
나 오	선비 사	없을 무	남을 여	재물 재	아닐 비	미워할 오	재물 화	어조사 야	없을 무	남을 여	목숨 명	아닐 비	미워할 오

壽	也	令	發	之	日	士	卒	坐	者	涕	霑	襟	偃
목숨 수	어조사 야	하여금 영	필 발	갈 지	날 일	선비 사	마칠 졸	앉을 좌	놈 자	눈물 체	젖을 점	옷깃 금	쓰러질 언

臥	者	淚	交	頤	投	之	無	所	往	者	諸	劌	之
누울 와	놈 자	눈물 루	사귈 교	턱 이	던질 투	갈 지	없을 무	바 소	갈 왕	놈 자	모두 제	상처입힐 귀	갈 지

勇	也												
날랠 용	어조사 야												

자유롭게 써보세요

故善用兵者 譬如率然 率然者 常山之蛇也
擊其首則尾至 擊其尾則首至 擊其中則首尾
俱至

故	善	用	兵	者	譬	如	率	然	率	然	者	常	山
연고 고	착할 선	쓸 용	병사 병	놈 자	비유할 비	같을 여	솔연 솔	그럴 연	솔연 솔	그럴 연	놈 자	떳떳할 상	메 산

之	蛇	也	擊	其	首	則	尾	至	擊	其	尾	則	首
갈 지	긴뱀 사	어조사 야	칠 격	그 기	머리 수	곧 즉	꼬리 미	이를 지	칠 격	그 기	꼬리 미	곧 즉	머리 수

至	擊	其	中	則	首	尾	俱	至
이를 지	칠 격	그 기	가운데 중	곧 즉	머리 수	꼬리 미	함께 구	이를 지

자유롭게 써보세요

敢問 兵可使如率然乎? 曰 可 夫吳人與越人相惡也 當其同舟而濟遇風 其相救也 如左右手

敢	問	兵	可	使	如	率	然	乎	曰	可	夫	吳	人
감히 감	물을 문	병사 병	옳을 가	하여금 사	같을 여	솔연 솔	그럴 연	어조사 호	가로 왈	옳을 가	지아비 부	성씨 오	사람 인

與	越	人	相	惡	也	當	其	同	舟	而	濟	遇	風
더불 여	넘을 월	사람 인	서로 상	미워할 오	어조사 야	마땅 당	그 기	한가지 동	배 주	말 이을 이	건널 제	만날 우	바람 풍

其	相	救	也	如	左	右	手
그 기	서로 상	구원할 구	어조사 야	같을 여	왼 좌	오른쪽 우	손 수

자유롭게 써보세요

是故方馬埋輪 未足恃也 齊勇若一 政之道也 剛柔皆得 地之理也 故善用兵者 攜手若使一人 不得已也

是	故	方	馬	埋	輪	未	足	恃	也	齊	勇	若	一
이 시	연고 고	모 방	말 마	묻을 매	바퀴 륜	아닐 미	발 족	믿을 시	어조사 야	가지런할 제	날랠 용	같을 약	한 일

政	之	道	也	剛	柔	皆	得	地	之	理	也	故	善
정상 정	갈 지	길 도	어조사 야	굳셀 강	부드러울 유	다 개	얻을 득	땅 지	갈 지	다스릴 리	어조사 야	연고 고	착할 선

用	兵	者	攜	手	若	使	一	人	不	得	已	也
쓸 용	병사 병	놈 자	이끌 휴	손 수	같을 약	하여금 사	한 일	사람 인	아닐 부	얻을 득	이미 이	어조사 야

자유롭게 써보세요

將軍之事 靜以幽 正以治 能愚士卒之耳目 使之無知 易其事 革其謀 使人無識 易其居 迂其途 使人不得慮 帥與之期 如登高而去其梯

將	軍	之	事	靜	以	幽	正	以	治	能	愚	士	卒
장수 장	군사 군	갈 지	일 사	고요할 정	써 이	그윽할 유	바를 정	써 이	다스릴 치	능할 능	어리석을 우	선비 사	마칠 졸

之	耳	目	使	之	無	知	易	其	事	革	其	謀	使
갈 지	귀 이	눈 목	하여금 사	갈 지	없을 무	알 지	바꿀 역	그 기	일 사	가죽 혁	그 기	꾀 모	하여금 사

人	無	識	易	其	居	迂	其	途	使	人	不	得	慮
사람 인	없을 무	알 식	바꿀 역	그 기	살 거	에돌 우	그 기	길 도	하여금 사	사람 인	아닐 부	얻을 득	생각할 려

帥	與	之	期	如	登	高	而	去	其	梯
장수 수	더불 여	갈 지	기약할 기	같을 여	오를 등	높을 고	말 이을 이	갈 거	그 기	사다리 제

자유롭게 써보세요

帥與之深入諸侯之地 而發其機 焚舟破釜 若驅群羊 驅而往 驅而來 莫知所之 聚三軍之衆 投之於險 此謂將軍之事也

帥	與	之	深	入	諸	侯	之	地	而	發	其	機	焚
장수 수	더불 여	갈 지	깊을 심	들 입	모두 제	제후 후	갈 지	땅 지	말 이을 이	필 발	그 기	틀 기	불사를 분

舟	破	釜	若	驅	群	羊	驅	而	往	驅	而	來	莫
배 주	깨뜨릴 파	가마 부	같을 약	몰 구	무리 군	양 양	몰 구	말 이을 이	갈 왕	몰 구	말 이을 이	올 래	없을 막

知	所	之	聚	三	軍	之	衆	投	之	於	險	此	謂
알 지	바 소	갈 지	모을 취	석 삼	군사 군	갈 지	무리 중	던질 투	갈 지	어조사 어	험할 험	이 차	이를 위

將	軍	之	事	也
장수 장	군사 군	갈 지	일 사	어조사 야

자유롭게 써보세요

九地之變 屈伸之利 人情之理 不可不察也
凡爲客之道 深則專 淺則散 去國越境而師
者 絶地也

九	地	之	變	屈	伸	之	利	人	情	之	理	不	可
아홉 구	땅 지	갈 지	변할 변	굽힐 굴	펼 신	갈 지	이로울 리	사람 인	뜻 정	갈 지	다스릴 리	아닐 불	옳을 가

不	察	也	凡	爲	客	之	道	深	則	專	淺	則	散
아닐 불	살필 찰	어조사 야	무릇 범	할 위	손 객	갈 지	길 도	깊을 심	곧 즉	오로지 전	얕을 천	곧 즉	흩을 산

去	國	越	境	而	師	者	絶	地	也				
갈 거	나라 국	넘을 월	지경 경	말 이을 이	스승 사	놈 자	끊을 절	땅 지	어조사 야				

자유롭게 써보세요

四達者 衢地也 入深者 重地也 入淺者 輕地也 背固前隘者 圍地也 無所往者 死地也

四	達	者	衢	地	也	入	深	者	重	地	也	入	淺
넉 사	통달할 달	놈 자	네거리 구	땅 지	어조사 야	들 입	깊을 심	놈 자	무거울 중	땅 지	어조사 야	들 입	얕을 천

者	輕	地	也	背	固	前	隘	者	圍	地	也	無	所
놈 자	가벼울 경	땅 지	어조사 야	등 배	굳을 고	앞 전	좁을 애	놈 자	에워쌀 위	땅 지	어조사 야	없을 무	바 소

往	者	死	地	也									
갈 왕	놈 자	죽을 사	땅 지	어조사 야									

자유롭게 써보세요

是故散地 吾將一其志 輕地 吾將使之屬 爭地 吾將趨其後 交地 吾將謹其守 衢地 吾將固其結 重地 吾將繼其食 圮地 吾將進其途 圍地 吾將塞其闕 死地 吾將示之以不活

是	故	散	地	吾	將	一	其	志	輕	地	吾	將	使
이 시	연고 고	흩을 산	땅 지	나 오	장수 장	한 일	그 기	뜻 지	가벼울 경	땅 지	나 오	장수 장	하여금 사

之	屬	爭	地	吾	將	趨	其	後	交	地	吾	將	謹
갈 지	무리 속	다툴 쟁	땅 지	나 오	장수 장	달아날 추	그 기	뒤 후	사귈 교	땅 지	나 오	장수 장	삼갈 근

其	守	衢	地	吾	將	固	其	結	重	地	吾	將	繼
그 기	지킬 수	네거리 구	땅 지	나 오	장수 장	굳을 고	그 기	맺을 결	무거울 중	땅 지	나 오	장수 장	이을 계

其	食	圮	地	吾	將	進	其	途	圍	地	吾	將	塞
그 기	밥 식	무너질 비	땅 지	나 오	장수 장	나아갈 진	그 기	길 도	에워쌀 위	땅 지	나 오	장수 장	막힐 색

其	闕	死	地	吾	將	示	之	以	不	活
그 기	대궐 궐	죽을 사	땅 지	나 오	장수 장	보일 시	갈 지	써 이	아닐 불	살 활

자유롭게 써보세요

故兵之情 圍則御 不得已則鬪 過則從 是故
不知諸侯之謀者 不能預交 不知山林 險阻 沮
澤之形者 不能行軍 不用鄉導者 不能得地利

故	兵	之	情	圍	則	御	不	得	已	則	鬪	過	則
연고 고	병사 병	갈 지	뜻 정	에워쌀 위	곧 즉	거느릴 어	아닐 부	얻을 득	이미 이	곧 즉	싸울 투	지날 과	곧 즉

從	是	故	不	知	諸	侯	之	謀	者	不	能	預	交
좇을 종	이 시	연고 고	아닐 부	알 지	모두 제	제후 후	갈 지	꾀 모	놈 자	아닐 불	능할 능	맡길 예	사귈 교

不	知	山	林	險	阻	沮	澤	之	形	者	不	能	行
아닐 부	알 지	메 산	수풀 림	험할 험	막힐 조	막을 저	못 택	갈 지	모양 형	놈 자	아닐 불	능할 능	다닐 행

軍	不	用	鄉	導	者	不	能	得	地	利			
군사 군	아닐 불	쓸 용	시골 향	인도할 도	놈 자	아닐 불	능할 능	얻을 득	땅 지	이로울 리			

자유롭게 써보세요

四五者 不知一 非霸王之兵也 夫霸王之兵
伐大國 則其衆不得聚 威加於敵 則其交不
得合

四	五	者	不	知	一	非	霸	王	之	兵	也	夫	霸
넉 사	다섯 오	놈 자	아닐 부	알 지	한 일	아닐 비	으뜸 패	임금 왕	갈 지	병사 병	어조사 야	지아비 부	으뜸 패
王	之	兵	伐	大	國	則	其	衆	不	得	聚	威	加
임금 왕	갈 지	병사 병	칠 벌	클 대	나라 국	곧 즉	그 기	무리 중	아닐 부	얻을 득	모을 취	위엄 위	더할 가
於	敵	則	其	交	不	得	合						
어조사 어	대적할 적	곧 즉	그 기	사귈 교	아닐 부	얻을 득	합할 합						

자유롭게 써보세요

是故 不爭天下之交 不養天下之權 信己之
私 威加於敵 故其城可拔 其國可隳 施無法
之賞 懸無政之令 犯三軍之衆 若使一人

是	故	不	爭	天	下	之	交	不	養	天	下	之	權
이 시	연고 고	아닐 부	다툴 쟁	하늘 천	아래 하	갈 지	사귈 교	아닐 불	기를 양	하늘 천	아래 하	갈 지	권세 권

信	己	之	私	威	加	於	敵	故	其	城	可	拔	其
믿을 신	몸 기	갈 지	사사 사	위엄 위	더할 가	어조사 어	대적할 적	연고 고	그 기	성 성	옳을 가	뽑을 발	그 기

國	可	隳	施	無	法	之	賞	懸	無	政	之	令	犯
나라 국	옳을 가	무너뜨릴 휴	베풀 시	없을 무	법 법	갈 지	상줄 상	달 현	없을 무	정사 정	갈 지	하여금 령	범할 범

三	軍	之	衆	若	使	一	人
석 삼	군사 군	갈 지	무리 중	같을 약	하여금 사	한 일	사람 인

자유롭게 써보세요

犯之以事 勿告以言 犯之以利 勿告以害 投之亡地 然後存 陷之死地 然後生 夫衆陷於害 然後能爲勝敗

犯	之	以	事	勿	告	以	言	犯	之	以	利	勿	告
범할 범	갈 지	써 이	일 사	말 물	고할 고	써 이	말씀 언	범할 범	갈 지	써 이	이로울 리	말 물	고할 고

以	害	投	之	亡	地	然	後	存	陷	之	死	地	然
써 이	해할 해	던질 투	갈 지	망할 망	땅 지	그럴 연	뒤 후	있을 존	빠질 함	갈 지	죽을 사	땅 지	그럴 연

後	生	夫	衆	陷	於	害	然	後	能	爲	勝	敗	
뒤 후	날 생	지아비 부	무리 중	빠질 함	어조사 어	해할 해	그럴 연	뒤 후	능할 능	할 위	이길 승	패할 패	

자유롭게 써보세요

故爲兵之事 在於順祥敵之意 幷敵一向 千里
殺將 此謂巧能成事者也 是故政擧之日 夷關
折符 無通其使 勵於廊廟之上 以誅其事

故	爲	兵	之	事	在	於	順	祥	敵	之	意	幷	敵
연고 고	할 위	병사 병	갈 지	일 사	있을 재	어조사 어	순할 순	상서 상	대적할 적	갈 지	뜻 의	아우를 병	대적할 적

一	向	千	里	殺	將	此	謂	巧	能	成	事	者	也
한 일	향할 향	일천 천	마을 리	죽일 살	장수 장	이 차	이를 위	공교할 교	능할 능	이룰 성	일 사	놈 자	어조사 야

是	故	政	擧	之	日	夷	關	折	符	無	通	其	使
이 시	연고 고	정사 정	들 거	갈 지	날 일	오랑캐 이	관계할 관	꺾을 절	부호 부	없을 무	통할 통	그 기	하여금 사

勵	於	廊	廟	之	上	以	誅	其	事
힘쓸 여	어조사 어	사랑채 랑	사당 묘	갈 지	윗 상	써 이	벨 주	그 기	일 사

자유롭게 써보세요

敵人開闔 必亟入之 先其所愛 微與之期 踐墨隨敵 以決戰事 是故始如處女 敵人開戶 後如脫兎 敵不及拒

敵	人	開	闔	必	亟	入	之	先	其	所	愛	微	與
대적할 적	사람 인	열 개	문짝 합	반드시 필	빠를 극	들 입	갈 지	먼저 선	그 기	바 소	사랑 애	작을 미	더불 여

之	期	踐	墨	隨	敵	以	決	戰	事	是	故	始	如
갈 지	기약할 기	밟을 천	먹 묵	다를 수	대적할 적	써 이	결단할 결	싸움 전	일 사	이 시	연고 고	비로소 시	같을 여

處	女	敵	人	開	戶	後	如	脫	兎	敵	不	及	拒
곳 처	계집 녀	대적할 적	사람 인	열 개	집 호	뒤 후	같을 여	벗을 탈	토끼 토	대적할 적	아닐 불	미칠 급	막을 거

자유롭게 써보세요

第十二 火攻篇

孫子曰 凡火攻有五 一曰火人 二曰火積 三曰火輜 四曰火庫 五曰火隊

孫	子	曰	凡	火	攻	有	五	一	曰	火	人	二	曰
손자 손	아들 자	가로 왈	무릇 범	불 화	칠 공	있을 유	다섯 오	한 일	가로 왈	불 화	사람 인	두 이	가로 왈

火	積	三	曰	火	輜	四	曰	火	庫	五	曰	火	隊
불 화	쌓을 적	석 삼	가로 왈	불 화	짐수레 치	넉 사	가로 왈	불 화	곳집 고	다섯 오	가로 왈	불 화	무리 대

자유롭게 써보세요

行火必有因 煙火必素具 發火有時 起火有日 時者 天之燥也 日者 月在 箕 壁 翼 軫也 凡此四宿者 風起之日也

行	火	必	有	因	煙	火	必	素	具	發	火	有	時
다닐 행	불 화	반드시 필	있을 유	인할 인	연기 연	불 화	반드시 필	본디 소	갖출 구	필 발	불 화	있을 유	때 시

起	火	有	日	時	者	天	之	燥	也	日	者	月	在
일어날 기	불 화	있을 유	날 일	때 시	놈 자	하늘 천	갈 지	마를 조	어조사 야	날 일	놈 자	달 월	있을 재

箕	壁	翼	軫	也	凡	此	四	宿	者	風	起	之	日
키 기	벽 벽	날개 익	수레뒤턱나무 진	어조사 야	무릇 범	이 차	넉 사	잘 숙	놈 자	바람 풍	일어날 기	갈 지	날 일

也													
어조사 야													

자유롭게 써보세요

凡火攻 必因五火之變而應之 火發於內 則早應之於外 火發而其兵靜者 待而勿攻 極其火力 可從而從之 不可從而止 火可發於外 無待於內 以時發之 火發上風 無攻下風 晝風久 夜風止 凡軍必知 有五火之變 以數守之

故以火佐攻者明 以水佐攻者强 水可以絶
不可以奪 夫戰勝攻取 而不修其功者凶 命
曰 費留 故曰 明主慮之 良將修之

故	以	火	佐	攻	者	明	以	水	佐	攻	者	强	水
연고 고	써 이	불 화	도울 좌	칠 공	놈 자	밝을 명	써 이	물 수	도울 좌	칠 공	놈 자	강할 강	물 수

可	以	絶	不	可	以	奪	夫	戰	勝	攻	取	而	不
옳을 가	써 이	끊을 절	아닐 불	옳을 가	써 이	빼앗을 탈	지아비 부	싸움 전	이길 승	칠 공	가질 취	말 이을 이	아닐 불

修	其	功	者	凶	命	曰	費	留	故	曰	明	主	慮
닦을 수	그 기	공 공	놈 자	흉할 흉	목숨 명	가로 왈	쓸 비	머무를 류	연고 고	가로 왈	밝을 명	임금 주	생각할 려

之	良	將	修	之
갈 지	어질 양	장수 장	닦을 수	갈 지

자유롭게 써보세요

非利不動 非得不用 非危不戰 主不可以怒
而興師 將不可以慍而致戰

非	利	不	動	非	得	不	用	非	危	不	戰	主	不
아닐 비	이로울 리	아닐 부	움직일 동	아닐 비	얻을 득	아닐 불	쓸 용	아닐 비	위태할 위	아닐 부	싸움 전	임금 주	아닐 불

可	以	怒	而	興	師	將	不	可	以	慍	而	致	戰
옳을 가	써 이	성낼 노	말 이을 이	일 흥	스승 사	장수 장	아닐 불	옳을 가	써 이	성낼 온	말 이을 이	이를 치	싸움 전

자유롭게 써보세요

合於利而動 不合於利而止 怒可以復喜 慍
可以復悅 亡國不可以復存 死者不可以復生
故明君愼之 良將警之 此安國全軍之道也

合	於	利	而	動	不	合	於	利	而	止	怒	可	以
합할 합	어조사 어	이로울 리	말 이을 이	움직일 동	아닐 불	합할 합	어조사 어	이로울 리	말 이을 이	그칠 지	성낼 노	옳을 가	써 이

復	喜	慍	可	以	復	悅	亡	國	不	可	以	復	存
다시 부	기쁠 희	성낼 온	옳을 가	써 이	다시 부	기쁠 열	망할 망	나라 국	아닐 불	옳을 가	써 이	다시 부	있을 존

死	者	不	可	以	復	生	故	明	君	愼	之	良	將
죽을 사	놈 자	아닐 불	옳을 가	써 이	다시 부	날 생	연고 고	밝을 명	임금 군	삼갈 신	갈 지	어질 양	장수 장

警	之	此	安	國	全	軍	之	道	也
깨우칠 경	갈 지	이 차	편안 안	나라 국	온전할 전	군사 군	갈 지	길 도	어조사 야

자유롭게 써보세요

第十三 用間篇

孫子曰 凡興師十萬 出征千里 百姓之費 公家之奉 日費千金 內外騷動 怠於道路 不得操事者 七十萬家

孫	子	曰	凡	興	師	十	萬	出	征	千	里	百	姓
손자 손	아들 자	가로 왈	무릇 범	일 흥	스승 사	열 십	일만 만	날 출	칠 정	일천 천	마을 리	일백 백	백성 성

之	費	公	家	之	奉	日	費	千	金	內	外	騷	動
갈 지	쓸 비	공평할 공	집 가	갈 지	받들 봉	날 일	쓸 비	일천 천	쇠 금	안 내	바깥 외	떠들 소	움직일 동

怠	於	道	路	不	得	操	事	者	七	十	萬	家	
게으를 태	어조사 어	길 도	길 로	아닐 부	얻을 득	잡을 조	일 사	놈 자	일곱 칠	열 십	일만 만	집 가	

자유롭게 써보세요

相守數年 以爭一日之勝 而愛爵祿百金 不知敵之情者 不仁之至也 非人之將也 非主之佐也 非勝之主也

相	守	數	年	以	爭	一	日	之	勝	而	愛	爵	祿
서로 상	지킬 수	셈 수	해 년	써 이	다툴 쟁	한 일	날 일	갈 지	이길 승	말 이을 이	사랑 애	벼슬 작	녹 록

百	金	不	知	敵	之	情	者	不	仁	之	至	也	非
일백 백	쇠 금	아닐 부	알 지	대적할 적	갈 지	뜻 정	놈 자	아닐 불	어질 인	갈 지	이를 지	어조사 야	아닐 비

人	之	將	也	非	主	之	佐	也	非	勝	之	主	也
사람 인	갈 지	장수 장	어조사 야	아닐 비	임금 주	갈 지	도울 좌	어조사 야	아닐 비	이길 승	갈 지	임금 주	어조사 야

자유롭게 써보세요

故明君賢將 所以動而勝人 成功出於衆者
先知也 先知者 不可取於鬼神 不可象於事
不可驗於度 必取於人, 知敵之情者也

故	明	君	賢	將	所	以	動	而	勝	人	成	功	出
연고 고	밝을 명	임금 군	어질 현	장수 장	바 소	써 이	움직일 동	말 이을 이	이길 승	사람 인	이룰 성	공 공	날 출

於	衆	者	先	知	也	先	知	者	不	可	取	於	鬼
어조사 어	무리 중	놈 자	먼저 선	알 지	어조사 야	먼저 선	알 지	놈 자	아닐 불	옳을 가	가질 취	어조사 어	귀신 귀

神	不	可	象	於	事	不	可	驗	於	度	必	取	於
귀신 신	아닐 불	옳을 가	코끼리 상	어조사 어	일 사	아닐 불	옳을 가	시험 험	어조사 어	법도 도	반드시 필	가질 취	어조사 어

人	知	敵	之	情	者	也
사람 인	알 지	대적할 적	갈 지	뜻 정	놈 자	어조사 야

자유롭게 써보세요

故用間有五 有鄉間 有內間 有反間 有死間 有生間 五間俱起 莫知其道 是謂神紀 人君之寶也

故	用	間	有	五	有	鄉	間	有	內	間	有	反	間
연고 고	쓸 용	사이 간	있을 유	다섯 오	있을 유	시골 향	사이 간	있을 유	안 내	사이 간	있을 유	돌이킬 반	사이 간

有	死	間	有	生	間	五	間	俱	起	莫	知	其	道
있을 유	죽을 사	사이 간	있을 유	날 생	사이 간	다섯 오	사이 간	함께 구	일어날 기	없을 막	알 지	그 기	길 도

是	謂	神	紀	人	君	之	寶	也
이 시	이를 위	귀신 신	벼리 기	사람 인	임금 군	갈 지	보배 보	어조사 야

자유롭게 써보세요

鄕間者 因其鄕人而用之 內間者 因其官人而用之 反間者 因其敵間而用之 死間者 爲誑事於外 令吾間知之 而傳於敵間 生間者 反報也

鄕	間	者	因	其	鄕	人	而	用	之	內	間	者	因
시골 향	사이 간	놈 자	인할 인	그 기	시골 향	사람 인	말 이을 이	쓸 용	갈 지	안 내	사이 간	놈 자	인할 인

其	官	人	而	用	之	反	間	者	因	其	敵	間	而
그 기	벼슬 관	사람 인	말 이을 이	쓸 용	갈 지	돌이킬 반	사이 간	놈 자	인할 인	그 기	대적할 적	사이 간	말 이을 이

用	之	死	間	者	爲	誑	事	於	外	令	吾	間	知
쓸 용	갈 지	죽을 사	사이 간	놈 자	할 위	속일 광	일 사	어조사 어	바깥 외	하여금 영	나 오	사이 간	알 지

之	而	傳	於	敵	間	生	間	者	反	報	也
갈 지	말 이을 이	전할 전	어조사 어	대적할 적	사이 간	날 생	사이 간	놈 자	돌이킬 반	갚을 보	어조사 야

자유롭게 써보세요

故三軍之事 莫親於間 賞莫厚於間 事莫密於間 非聖智不能用間 非仁義不能使間 非微妙不能得間之實

故	三	軍	之	事	莫	親	於	間	賞	莫	厚	於	間
연고 고	석 삼	군사 군	갈 지	일 사	없을 막	친할 친	어조사 어	사이 간	상줄 상	없을 막	두터울 후	어조사 어	사이 간

事	莫	密	於	間	非	聖	智	不	能	用	間	非	仁
일 사	없을 막	빽빽할 밀	어조사 어	사이 간	아닐 비	성인 성	지혜 지	아닐 불	능할 능	쓸 용	사이 간	아닐 비	어질 인

義	不	能	使	間	非	微	妙	不	能	得	間	之	實
옳을 의	아닐 불	능할 능	하여금 사	사이 간	아닐 비	작을 미	묘할 묘	아닐 불	능할 능	얻을 득	사이 간	갈 지	열매 실

자유롭게 써보세요

微哉微哉 無所不用間也 間事未發而先聞者 間與所告者皆死

微	哉	微	哉	無	所	不	用	間	也	間	事	未	發
작을 미	어조사 재	작을 미	어조사 재	없을 무	바 소	아닐 불	쓸 용	사이 간	어조사 야	사이 간	일 사	아닐 미	필 발

而	先	聞	者	間	與	所	告	者	皆	死			
말 이을 이	먼저 선	들을 문	놈 자	사이 간	더불 여	바 소	고할 고	놈 자	다 개	죽을 사			

자유롭게 써보세요

凡軍之所欲擊 城之所欲攻 人之所欲殺 必先知其守將 左右 謁者 門者 舍人之姓名 令吾間必索知之

凡	軍	之	所	欲	擊	城	之	所	欲	攻	人	之	所
무릇 범	군사 군	갈 지	바 소	하고자할 욕	칠 격	성 성	갈 지	바 소	하고자할 욕	칠 공	사람 인	갈 지	바 소

欲	殺	必	先	知	其	守	將	左	右	謁	者	門	者
하고자할 욕	죽일 살	반드시 필	먼저 선	알 지	그 기	지킬 수	장수 장	왼 좌	오른쪽 우	뵐 알	놈 자	문 문	놈 자

舍	人	之	姓	名	令	吾	間	必	索	知	之
집 사	사람 인	갈 지	성씨 성	이름 명	하여금 영	나 오	사이 간	반드시 필	찾을 색	알 지	갈 지

자유롭게 써보세요

必索敵人之間來間我者 因而利之 導而舍之 故反間可得而用也 因是而知之 故鄕間 內間可得而使也

必	索	敵	人	之	間	來	間	我	者	因	而	利	之
반드시 필	찾을 색	대적할 적	사람 인	갈 지	사이 간	올 래	사이 간	나 아	놈 자	인할 인	말 이을 이	이로울 리	갈 지

導	而	舍	之	故	反	間	可	得	而	用	也	因	是
인도할 도	말 이을 이	집 사	갈 지	연고 고	돌이킬 반	사이 간	옳을 가	얻을 득	말 이을 이	쓸 용	어조사 야	인할 인	이 시

而	知	之	故	鄕	間	內	間	可	得	而	使	也
말 이을 이	알 지	갈 지	연고 고	시골 향	사이 간	안 내	사이 간	옳을 가	얻을 득	말 이을 이	하여금 사	어조사 야

자유롭게 써보세요

因是而知之 故死間爲誑事 可使告敵 因是
而知之 故生間可使如期 五間之事 主必知
之 知之必在於反間 故反間不可不厚也

因	是	而	知	之	故	死	間	爲	誑	事	可	使	告
인할 인	이 시	말 이을 이	알 지	갈 지	연고 고	죽을 사	사이 간	할 위	속일 광	일 사	옳을 가	하여금 사	고할 고

敵	因	是	而	知	之	故	生	間	可	使	如	期	五
대적할 적	인할 인	이 시	말 이을 이	알 지	갈 지	연고 고	날 생	사이 간	옳을 가	하여금 사	같을 여	기약할 기	다섯 오

間	之	事	主	必	知	之	知	之	必	在	於	反	間
사이 간	갈 지	일 사	임금 주	반드시 필	알 지	갈 지	알 지	갈 지	반드시 필	있을 재	어조사 어	돌이킬 반	사이 간

故	反	間	不	可	不	厚	也
연고 고	돌이킬 반	사이 간	아닐 불	옳을 가	아닐 불	두터울 후	어조사 야

자유롭게 써보세요

昔殷之興也 伊摯在夏 周之興也 呂牙在殷
故惟明君賢將 能以上智爲間者 必成大功
此兵之要 三軍之所恃而動也

昔	殷	之	興	也	伊	摯	在	夏	周	之	興	也	呂
예 석	은나라 은	갈 지	일 흥	어조사 야	저 이	잡을 지	있을 재	여름 하	두루 주	갈 지	일 흥	어조사 야	성씨 여

牙	在	殷	故	惟	明	君	賢	將	能	以	上	智	爲
어금니 아	있을 재	은나라 은	연고 고	생각할 유	밝을 명	임금 군	어질 현	장수 장	능할 능	써 이	윗 상	지혜 지	할 위

間	者	必	成	大	功	此	兵	之	要	三	軍	之	所
사이 간	놈 자	반드시 필	이룰 성	클 대	공 공	이 차	병사 병	갈 지	요긴할 요	석 삼	군사 군	갈 지	바 소

恃	而	動	也
믿을 시	말 이을 이	움직일 동	어조사 야

자유롭게 써보세요